UNE VOIX DE L'EXIL.

UNE
VOIX DE L'EXIL

PAR

ETIENNE ARAGO.

GENÈVE,

CHEZ TOUS LES LIBRAIRES.

IMPRIMERIE BLANCHARD, A RIVE.

1860

UNE VOIX DE L'EXIL.

POURQUOI ?

Genève.

— Que deviens-tu? Ta plume est-elle donc brisée?
Ton fouet sanglant n'a-t-il qu'une lanière usée?
On attendait de toi des chansons, des romans,
Même une comédie aux grands enseignements;
Ton manteau de l'exil serait-il un suaire?
Gardes-tu tes écrits comme en un sanctuaire?
Parle à ceux qui de toi se souviennent encor...
L'oubli, pour le proscrit, c'est la première mort!
— Chers amis, votre voix au travail me convie!...
Mais c'est mon seul bonheur depuis que m'est ravie
Ma famille qui pleure et qui porte mon deuil;
Le labeur solitaire est ma loi, mon orgueil,
Depuis dix ans et plus que la patrie aimée,
Délicieux Eden, devant moi s'est fermée.
Actif, fiévreux, mon cœur a besoin d'aliment;
Il est comme la meule à l'ardent mouvement

Qui se broie elle-même et se réduit en poudre
Lorsque, tournant sans cesse, elle n'a rien à moudre.
Je veux combattre encore aux champs où j'ai lutté;
Ayant beaucoup souffert, j'ai beaucoup médité,
Et d'un coup-d'œil plus sûr, d'une main plus hardie,
Fouillé le cœur humain, immense comédie.
Mais de l'auteur proscrit on ferait le procès...
(Non pas le vrai public ; d'un parterre français
Sans peur je braverais, bien loin de nos coulisses,
Les plaisirs de tyran, les enfantins caprices,
Et j'ai rêvé souvent, sur dix bancs alignés,
Trois cents Minos jugeant mes enfants résignés;)
Voyons: mon ciel n'a-t-il que de communs orages ?
Quel théâtre oserait hasarder mes ouvrages?
Puis-je oublier, déjà, dans mon désir ardent,
Qu'un insolent murmure et qu'un sifflet strident
Menacèrent la femme, artiste de génie,
Qui me tendit sa main dans l'exil... Sois bénie
Pour ta fière amitié, FIDES au noble cœur ! (A)
Si d'un lâche projet ton talent fut vainqueur,
Tu sais que des journaux une fureur vandale
Osa publiquement ameuter la cabale
Le soir où l'Opéra, par la foule assiégé,
Célébrait ton retour après un long congé.

Est-ce tout ?... Attendez... la rougeur de la honte
Pour mon pays qu'on souille au visage me monte,
En songeant à ce trait — Je le prends au hasard —
D'un jeune successeur de Weber et de Mozart

Une partition, trésor de mélodie,
Après deux ans d'attente allait être applaudie,
Quand, tout-à-coup, son œuvre eut l'honneur d'un *veto*,
Parce que j'en avais signé le *libretto*,
Et pour que mon ami ne fût pas ma victime,
J'acceptai du succès la douceur anonyme. (B)
— Soit ! Garde en tes cartons tes gais tableaux de mœurs.
Quand l'art aura chassé les serviles rimeurs,
Tu pourras remonter sur la scène féconde
Qu'on proclame à bon droit la première du monde.
Mais depuis que le sort t'a, comme au juif maudit,
Crié: « Marche toujours et toujours ! » on m'a dit
Qu'orgueilleux de la France, aux pays où tu passes,
De ses pas triomphants tu recherches les traces,
Qu'on te voit signaler avec un soin pieux
Nos bienfaits dont on sait l'étranger oublieux,
Le bon grain de nos lois qui germe dans ses codes,
Le pollen de nos fleurs qui parfume ses modes.
— C'est vrai... Ne fais-je pas acte de citoyen ?
Je vais dans tout pays vendangeant pour le mien,
Eclairant les erreurs et redressant l'histoire,
Pour la France changeant la défaite en victoire,
Témoignant que, partout où son drapeau parut,
Elle imposa l'idée autant que le tribut,
Et que souvent, malgré quelques jours de souffrance,
Notre occupation fut une délivrance...
Mais puis-je vous conter mes *Relais de l'exil*
Sans que de mon récit on ne tranche le fil ? (C)

— Eh bien ! soit .. Mais il faut que ta bouche proclame,
Toi qui vis leurs combats et qui connus leur âme,
Les hommes dont la vie honora ton parti ;
Remonte, tu le peux, jusqu'à Buonarroti.
En France, chef d'école et qui pourtant relie
Par son renom la vieille à la jeune Italie.
— Certes, je l'ai connu : sa parole sur moi,
Bien jeune encor, tomba, pur rayon de la foi
Qui soutint le vieillard banni de sa patrie ;
J'ai vu de près les chefs de la *Charbonnerie* ;
Et des *Quatre-Sergents*, ces martyrs glorieux,
Du haut de l'échafaud je reçus les adieux.
Bientôt un nouveau groupe aux charbonniers succède
Qui nous dit : *Aide-toi, si tu veux que Dieu t'aide,*
Groupe dont essaya de se servir Guizot,
Comme le *Grec* se sert des cartes à biseau.
Avec le sceptre usé de Charles X qu'on brise,
Ce faisceau se disloque... Alors sa place est prise
Par *les Amis du Peuple* où l'on voit d'Argenson
D'un bonnet rouge orner son antique écusson ;
Cette Société s'épuise dans la lutte ;
Celle des *Droits de l'homme* à l'atelier recrute ;
Les Saisons encor plus... Dans cette faction,
La parole est salpêtre et devient action ;
Tombé, mais non détruit, le parti se redresse ;
L'expérience aidant, on fonda pour la presse
Des foyers producteurs, sympathiques anneaux,
Où l'ardeur radicale affluait des journaux.

De ces centres ayant tenu quelques archives,
Je puis dire, sachant leurs mille tentatives,
Comment sonna deux fois dans la grande Cité
Le tocsin triomphant contre la Royauté;
Je montrerai comment on a réduit le rôle
Des vaillants au profit des hommes de parole,
Comment, choyés d'abord, les plus hardis lutteurs
Servent de piédestal aux bavards orateurs
Qui les poussent bientôt du triomphe au martyre.
— Eh bien! Celui qui sait a le devoir de dire.
Tallemant n'a-t-il pas un renom bien acquis?
L'Histoire est un tableau, la Chronique un croquis,
Les gais crayons font suite aux brillantes palettes;
A des in-folios oppose tes tablettes,
Apostats et félons, tous ceux que tu connus,
D'Hubert à Mérilhou, montre-nous les tout nus.
— Je le ferai, car j'ai des preuves sans réplique.
Puisqu'à dénaturer nos luttes on s'applique,
Je trouverai, fouillant jusqu'au fond mon trésor
Pièce à pièce amassé, quelque médaille encor
D'un passé généreux qu'on jette à la refonte
Dans les vastes creusets des peurs et de la honte.
Mais vous criez: « Courage! Anecdotes aux vents!
« Fais frissonner les morts, fais rougir les vivants!
« La nuit n'est pas si noire encor que l'on ne voie
« La chronique marcher sur la publique voie... »
Non, mes amis, je sais... et l'on s'en cache peu...
Qu'on a pour elle aussi sonné le couvre-feu,

Et que sur ses terreurs baissant rideaux et store,
Elle ne sortira qu'à la prochaine aurore.
— Avant que sa lueur empourpre l'horizon,
Pour égayer l'exil, spacieuse prison,
Toi dont l'esprit, au sein des luttes politiques,
Se rassérène avec les rêves poétiques,
Chante donc, car les vers, sur l'aile des oiseaux,
Des plus fins douaniers narguent tous les réseaux.
La rime est un écho ; chaque mont la propage ;
Nul gendarme ne peut arrêter au passage
Les stances qu'un touriste emporte dans son front
Et qu'en France, après lui, tes amis apprendront.
N'est-il donc qu'un chemin aux succès populaires?
Un autre a relevé le temple des Colères,
Et de riches présents surchargé leurs autels
Tout vibrants de ses vers qui naissent immortels.
Toi qui ne peux offrir des dons aussi splendides,
Pour l'autel des Douleurs cueille les fleurs candides :
Le Cactus indien, à l'exilé pareil,
Qui s'étiole et meurt, demandant son soleil,
L'ardent Coquelicot sur sa tige brisée,
Et répandant en pleurs ses perles de rosée,
L'Iris des prés, touché par le fer du faucheur,
Le Dahlia blessé par l'insecte rongeur,
Le Chèvre-feuille au doux parfum, et qui se penche
Lorsque du noisetier on lui coupe la branche,
Du Troëne coquet le panache odorant
Qu'abat un vent d'orage et qu'il livre au torrent,

Les doux Myosotis, étoiles azurées,
Dans les sentiers perdus, fleurs du ciel égarées,
Et qui, nous regardant par leurs limpides yeux,
Disent qu'il ne faut pas se montrer oublieux...
Envoie à ton pays cette gerbe attendue;
Et, par distraction, si quelque épine aigüe,
Au milieu de ces fleurs aux emblêmes touchants,
Se glisse pour blesser les fourbes, les méchants,
Nul douanier ne peut frapper à la frontière
D'interdit rigoureux la gerbe toute entière.
— Je le veux essayer.
— C'est ton devoir, auteur.
— Eh bien! (Sans vous marquer du poinçon protecteur)
Dans mon bagage, ô vous qu'avec grand soin je trie
Pour vous donner accès au sein de la Patrie,
Rimes qu'à la frontière un sévère commis
Laissera circuler, dit-on... vers mes amis,
Partez... Vous qui n'avez que de douces pensées,
Séparez-vous un jour de vos sœurs courroucées...
Non pas que je renie ici leur fier accent,
Leur air audacieux, quelquefois menaçant,
Ni leur veine où circule une sève bouillante;
La force de haïr, dans une âme vaillante
Doit parfois être égale à la force d'aimer.
Mais ce que j'écrivis peut se légitimer;
Si je frappe, en ma main qui lentement se lève,
De l'équité sévère on voit briller le glaive.
Lorsque, pendant dix ans, fier de ma mission

J'ai traîné le boulet de la proscription,
De peur que mon nom seul fût rayé de ses listes,
Aux regards du public j'ai su voiler mes *Tristes*...
Il faut craindre en nos jours pleins de fragilités
Les faiblesses qui sont mères des lâchetés.
Mais, quand je puis sortir de mon exil modeste
Sans faillir au devoir, il est bon que j'atteste
A mon pays aimé qu'il fut toujours puissant
Sur mon cœur de proscrit; qu'en attendant mon sang
Dont il peut disposer je lui donne mes larmes,
Que mes seules terreurs, mes constantes alarmes
Sont d'en être oublié dans nos rudes combats;
Enfin... et pourquoi donc ne l'avouerais-je pas?...
Si j'éveille aujourd'hui l'écho de ma souffrance,
C'est que ma muse a soif d'un regard de la France.
Que sert d'être loué par un peuple étranger?...
Peut-être l'ai-je été sous un vert oranger
Du pays où de Dante éclata le génie;
Peut-être qu'en Belgique une voix s'est unie
A ce concert flatteur; la terre de Milton,
Les montagnes de Tell où, canton par canton,
J'ai cherché les reflets de leur splendeur antique,
Firent à mes chansons un accueil sympathique.
De leur noble intérêt, certes, j'étais jaloux;
Mais à l'oreille, au cœur est-il rien de si doux
Qu'un public qui se fait votre œuvre personnelle,
Et vous verse l'éloge en langue maternelle?
Louez celui qui sait employer son exil;

Pour penser, il nous faut un courage viril,
Pour le moindre travail, une grande puissance,
Sous la chape de plomb qui s'appelle l'absence;
À nos tristes labeurs un unique penser,
Comme un amour trahi, toujours vient s'enlacer;
J'ai dû le dire afin qu'à mes vers on pardonne
S'ils s'en vont tous traînant leur rythme monotone:
C'est que, pour nous, les fruits n'ont que des sucs amers,
Que nous teignons la terre et le ciel et les mers
De l'unique couleur de nos sombres pensées,
Qu'au même écueil toujours nos barques sont poussées,
Qu'une note plaintive, un lamentable son
Du proscrit constamment termine la chanson,
Que sous sa plaie, enfin, tous les jours élargie,
La douleur pleure en lui sa constante élégie.
Et maintenant partez, ô vous dont j'ai fait choix
Pour faire entendre au loin mes soupirs et ma voix.
Heureux si de ce livre où je laisse mon âme,
Quelque page buvait une larme de femme !
Heureux si quelque enfant, gracieux Benjamin,
Y cherche du devoir le rude et droit chemin !
Heureux si l'ouvrier, cet autre enfant que j'aime,
Y trouve un peu de joie en sa misère extrême !
Heureux, surtout, heureux, si, des pauvres proscrits
Les familles, là-bas, de mes vers attendris
Ecoutent les échos, et si leurs yeux avides
Me lisent aux foyers où sont des places vides !

D'ÉVÊQUE, MEUNIER.

Chanson faite pour le banquet annuel des élèves de Sorèze.

—

Air : *Vous vieillirez, ô ma belle maîtresse.*

Londres.

Vous savez tous l'anecdote-proverbe
De ce meunier un tant soit peu lettré,
Qu'on prit un jour, quand il broyait la gerbe,
Pour le changer en pontife mîtré;
Mais au sacré préférant le profane,
Las de maudire et d'excommunier,
Il se remit sur ses sacs et son âne...
Gaîment d'évêque il redevint meunier. (*bis*)

Ainsi que lui, chers amis, je l'atteste,
Je suis sorti de mon bel évêché,
J'en suis sorti, de bourse et de cœur leste,
Au coffre-fort n'ayant jamais touché.
On dit la chose assez peu naturelle,
C'est vrai pourtant... Et sans qu'un seul denier
Tinte aux parois de ma pure escarcelle,
D'évêque, amis, je redevins meunier. (*bis*)

Oui, la fortune est volage… elle est femme !…
(Ce trait, plus d'un, avant moi, l'a trouvé ;)
Mais en roulant, un jour, la noble Dame
M'a sur son char lestement élevé ;
Un nouveau tour de sa brillante roue,
(Ce tour, hélas ! sera-t-il le dernier ?)
M'a fait tomber… mais non pas dans la boue…
D'évêque ainsi je redevins meunier. (*bis*)

Fraternité ! Dans le temps où nous sommes,
Ton nom si doux partout se burina.
Moi, j'ai toujours professé que les hommes
Etaient pétris *eâdem farinâ.*
Tournant la roue en manœuvre, en poète,
Que l'on demeure à la cave, au grenier,
Au même sac, en mourant, on nous jette,
Qu'on soit évêque ou bien qu'on soit meunier. (*bis*)

En rencontrant un ami du jeune âge,
Toujours mon cœur battit comme un moulin…
Et cependant plus d'un de vous, je gage,
Guelfe, a cru voir en moi du Gibelin ;
Que cette erreur entre nous soit la seule ;
Douter de moi c'est me calomnier…
J'eus toujours là le tic-tac de la meule,
L'évêque était toujours resté meunier. (*bis*)

ILLUSION.

Londres.

Vous savez ces jardins, centres de la science,
Où l'on a réuni — docte et belle alliance! —
Tout ce que la nature en ce vaste univers
Fait vivre et resplendir: mille animaux divers,
Par espèces classés, par robes, par plumages,
Fleurs aux couleurs sans nombre, arbres aux cent feuillages:
Eh bien! un jeune noir, — Delille l'a conté —
De son pays natal à Paris transplanté,
Dans un de ces jardins promenait sa souffrance,
Le cœur gros de soupirs, et vide d'espérance.
Tout-à-coup il s'arrête: il a vu devant lui
Un bananier; l'éclair dans sa prunelle a lui,
Son cœur bat, son sang bout; de son âme flétrie
Le foyer se ranime: il revoit sa Patrie;
Il s'élance, il étreint dans ses bras vigoureux
Le tronc de l'arbre, il rit, il pleure.... il est heureux:
Son passé se réveille et repeuple l'espace:
C'est son père adoré, sa mère qu'il embrasse,
C'est sa case qu'il voit, l'arbre au ciel élancé
Où, jeune, il s'endormait, dans son hamac bercé:

Haïti tout entier surgit dans ce prestige...
Un arbre, un arbre seul opéra ce prodige !

Et moi, moi, l'autre soir... je sortais d'Hyde-Parck.
Rapide comme un trait qui s'élance d'un arc,
Arrive à mon oreille une simple parole,
Son léger, qui, pour tous, comme un souffle s'envole.
D'une charmante enfant qui lui donnait la main
Et qui de sa tristesse emplissait le chemin,
C'était la gouvernante... A l'enfant indocile
Elle avait dit ces mots, en français : « Mais Cécile,
« Allez-vous donc longtemps pleurer comme cela ? »
Le parc anglais n'est plus... La France seule est là !
Je cours vers cette enfant, sur mon cœur je la presse,
Des lèvres, de la main, de l'œil je la caresse,
Je l'emporte en mes bras, joyeux et triomphant.
Croyant que je voulais lui voler son enfant,
Sur mes pas, en criant, la bonne est accourue ;
Je ne m'arrête point ; je cherche dans la rue
Un de ces magasins tout de sucre et de miel,
Où l'enfance, en entrant, croit entrer dans le ciel :
« Tout est à toi, Cécile... Oh ! prends, pas de contrainte. »
Et l'enfant qui déjà me regardait sans crainte,
Obéissant soudain à ma chère leçon,
De ses petites mains fait une ample moisson
Dans ce champ de douceurs que j'ouvre devant elle...

Et le Proscrit, alors, fut emporté sur l'aile
D'une aimable sylphide au visage vermeil
Qui lui versa l'oubli plus doux que le sommeil,
Et mieux que l'espérance aux couleurs captieuses,
Peupla son horizon d'erreurs délicieuses;
Sylphide, dont la main, sur la froide Albion
Du soleil de Paris fit tomber un rayon,
Et de ses jours flétris vint redorer la trame...
C'était l'Illusion, ce mirage de l'âme ! —

LES MESSAGES DU TOMBEAU.

SOUVENIR DES MŒURS ROUSSILLONNAISES.

Londres.

Quand la mort abat de son aile
Un habitant du Roussillon,
Autour de la fosse nouvelle,
Profond et douloureux sillon,
Tout le village se transporte,
Pauvres, riches, amis, parents,
Et cette funèbre cohorte
Remplit l'air de cris déchirants.

Et lorsqu'on va vers la Cerdagne,
Où, même en été, l'air est frais,
On trouve, au sein de la montagne
Que visite peu le progrès,
Une coutume bien touchante
Et qui se perd presque déjà...
Quand tout passe et se désenchante,
Béni soit qui la protégea.

Tant que le prêtre est là qui prie
Sur la fosse où toujours il vient,
La foule qui gémit et crie,
Humble, derrière lui se tient;
Mais lorsque la croix est partie,
Lorsque, son livre sous le bras,
Pour rentrer à la sacristie,
Le prêtre s'en retourne au pas;

De la fosse chacun s'approche,
Marche à la file en gémissant,
Et tire un papier de sa poche
Qu'il a l'air de lire en passant:
Ce sont des lettres; il en tombe
Autant que de neige en hiver,
Le cercueil semble dans la tombe
D'un blanc suaire tout couvert.

Chaque lettre porte une adresse;
Le mort, dit-on, va s'en charger,
Et, dans sa naïve tendresse,
Ainsi l'on parle au messager :
— « Toi qui pars, entends ma prière;
« Ce papier, de larmes est plein;
« Là-haut, vers ma famille entière,
« Porte l'espoir de l'orphelin. »

— « Au ciel, où son étoile brille,
« Grâce à cette lettre, demain
« Ma femme saura qu'à sa fille
« Je fais suivre le droit chemin. »
— « De Jeanne, par mon fils trompée
« Et qui mourut dans l'abandon,
« Fleur des champs par la faulx coupée,
« Ces mots implorent le pardon. »

— « Enfants, au dernier incendie,
« Vous le savez, deux hommes forts,
« Ouvriers à l'âme hardie,
« En sauvant deux vieillards, sont morts.
« Moi, magistrat de ce village,
« J'ai tracé ces mots, et je viens
« Pour leur envoyer cet hommage
« Au nom de leurs concitoyens. »

— « Toi qui sus aimer dans ta vie,
« Porte, sur son trône d'azur,
« A celle qui me fut ravie,
« L'écho de mon amour si pur. »
— « Tu sais que j'étais fiancée
« A Paul, quand Dieu nous sépara;
« Dis-lui que vierge il m'a laissée,
« Et que vierge il me reverra. »

— « Mon fermier, voyant sous la glace
« S'engouffrer mon fils tout petit,
« Court, le sauve, mais à sa place
« Lui-même, hélas! il s'engloutit...
« Qu'au ciel ma lettre lui parvienne
« Pour lui dire ce que je fis:
« Sa femme est la sœur de la mienne,
« Son fils le frère de mon fils. »

— « Mes doigts tremblants, pour ma compagne
« Ont écrit ces mots hier soir:
« Dis-lui bien que le froid me gagne
« Et que demain j'irai la voir. »
— « Dis à mon fils ma peine amère
« Dont le temps n'est jamais vainqueur. »
— « Toi qui t'en vas, porte à ma mère
« Cette lettre où j'ai mis mon cœur. »

N'est-elle pas sainte et féconde
Cette foi qui, trompant la mort,
Rattache un monde à l'autre monde
Par un tendre et pieux accord?
Quand du temps l'haleine glacée
D'une âme souffle le flambeau,
Je vois une grande pensée
Dans ces messages du tombeau.

———

AU POÈTE COWPER.

Londres.

Du haut de l'Empyrée où la Muse l'enlève,
Le poète aperçoit tout soleil qui se lève
Avant qu'un seul rayon, précurseur radieux,
Du profane vulgaire ait pu frapper les yeux:
Voilà, voilà pourquoi la foule stupéfaite
Croit voir en lui toujours un devin, un prophète.
   Treize ans avant l'époque où le peuple irrité
Fit crouler la Bastille au cri de liberté,
Brisa, comme un jouet, ses antiques murailles,
Ses tours qui renfermaient au fond de leurs entrailles
Les victimes des rois, fantômes décharnés,
Sur la paille étendus, aux piliers enchaînés,
Forfaits que dans ses flancs gardait souvent la terre:
Treize ans avant ce jour, un fils de l'Angleterre,
Un poète des lacs, dans un sublime accès,
Cowper lança de Londre un *Appel aux Français*: (D)

Il leur dit dans un style où l'éloquence brille:
« Armez-vous, de vos mains renversez la Bastille;
« Allez, allez sonder ses profonds souterrains
« Où les sombres terreurs de lâches souverains,
« Les haines d'un ministre ou d'une favorite
« Enchaînent les vertus, étouffent le mérite. »
Cowper leur crie encor: « Frappez, démolissez
« Jusqu'au dernier moellon, sans jamais dire: assez;
« Marchez tous, ce n'est pas moi qui vous le demande:
« Je suis la voix de Dieu, c'est lui qui le commande.
« Par chacun de ses murs, cette infâme prison
« Outrage la morale, insulte la raison;
« Cent victoires, Français, moins que cette victoire,
« Seraient pour vous un titre et d'honneur et de gloire.

Honneur et gloire à toi, Cowper! Et si ton nom
Dans ma patrie encor n'a qu'un faible renom,
Je veux, quand de l'exil je bois l'amer calice,
Du plus coupable oubli réparer l'injustice;
Je veux montrer ta muse en son vol glorieux,
Pour sonder l'avenir, t'enlevant dans les cieux,
Et, du sein de la nuit, signalant à la France
L'aube de sa révolte et de sa délivrance.

SUR LE BATEAU

QUI, DE LONDRES, ME PORTAIT EN BELGIQUE.

En vue d'Anvers.

Pays où l'Industrie, aux yeux de l'univers,
Etale chaque jour ses fécondants miracles,
Je pars; mais ce n'est pas pour tes rudes hivers,
Ils ont aussi leur charme et leurs touchants spectacles;
De la France, chez toi, me séparent les mers,
Et j'aime entre elle et moi moins d'espace et d'obstacles.

La chaudière hennit... le bateau dans son flanc
Tressaille... Il semble mû par un pouvoir magique...
Sur nos têtes, voyez ce beau panache blanc...
A nos pieds cette vague écumante, énergique...
La ville où de Rubens a bouillonné le sang
Est déjà devant nous... Salut à toi, Belgique!

Ta couronne est brillante, elle a su réunir
Des fleurons bien divers où la gloire s'attache;

Mais, entre tous, celui qui te fera bénir
Attire mes regards aujourd'hui... nulle tache
Ne s'y découvre encore... heureux ton avenir,
Si de ton front altier personne ne l'arrache !

Sur ce fleuron d'honneur mon œil croit voir écrits
Ces deux mots rayonnants: *Belgique hospitalière.*
C'est qu'en t'apercevant je pense aux grands proscrits
Dont l'histoire est pour moi sacrée et familière,
A beaucoup que, quinze ans, tu gardas tout meurtris,
A plusieurs dont ton sein conserve la poussière.

Là brillaient entre tous notre Appelles David,
Le légiste Merlin, Cambon la vertu même,
Sieyès le tiers-état, Choudieu qui s'asservit
Au travail manuel, Barrère, homme-dilème,
Cavaignac, dont le fils que la mort me ravit,
Jeune, du citoyen me donna le baptême.

Ils vécurent chez toi pour grandir ton renom,
Ces vaillants dont les rois redoutaient la constance
Et demandaient l'exil lointain. . par le canon
Menaçant d'appuyer leur inique sentence;
Mais à leur sombre appel ta voix répondit « Non ! »
Et leur fureur tomba devant ta résistance.

Que dis-je? A tes refus cette fureur s'accrut...
Mais l'arrêt général se transforme en caprice:
Haro sur Merlin seul! Il est l'unique but
De leur haine... La mer est là, qu'il la franchisse...
Minotaures nouveaux, il leur faut un tribut;
A toi de leur livrer la chair du sacrifice.

Tu cédas... ou plutôt tu parus consentir...
Car lorsque la tempête eut dans un port batave
Rejeté le vaisseau qui venait de partir
Avec Merlin... tu dis: « Dès ce moment, je brave
« Tous les maux qui sur moi peuvent s'appesantir;
« J'ai livré le Proscrit... je garderai l'Epave. »

Et moi, de ces bannis modeste successeur,
Moi que berce toujours, pour calmer ma souffrance,
De tous les malheureux cette touchante sœur
Au sourire divin qu'on nomme l'Espérance,
Je viens voir si tu veux m'accorder la douceur
D'un étroit coin de terre aux portes de la France.

Belgique, où vit encor le droit du citoyen,
Dès que mon pied poudreux sur ta terre se place,
Il s'établit un doux et fraternel lien
Entre tes fils et moi qui soudain nous enlace;

De chacun je suis l'*Hôte* et chacun est le mien;
Notre commun parler nous l'ordonne avec grâce.

Et ce n'est pas sans but qu'il a laissé régner
Cette confusion dont l'étranger s'étonne:
Notre langue française, afin de témoigner
Que l'hospitalité d'égalité rayonne,
Voulut qu'un même mot suffît pour désigner
Celui qui la reçoit et celui qui la donne.

LA MEUSE.

Liége.

Quand pourrai-je, eau de la Meuse,
Qui dans la mer écumeuse,
Flot par flot, vas te jeter,
Loin de te suivre en ta course,
Vers ta pure et claire source,
Quand pourrai-je remonter?

La frontière, affreux martyre!
En me fascinant m'attire,
Ainsi qu'un gouffre béant;
Et toi, toujours gracieuse,
Tu la fuis, belle oublieuse,
Pour enrichir l'Océan!

Mais avant ton grand naufrage,
Tu te gares au passage
Du Rhin, ce fleuve étranger;
Quand, de loin, tyran farouche,
Il t'ouvre sa large couche,
Tu ne vas pas t'y plonger;

Tu sais qu'à son eau profonde
Si tu mariais ton onde
Tu perdrais ton nom si doux,
Ainsi que la jeune fille
Quitte son nom de famille
Dans les bras de son époux.

Ton nom me dit cette armée (F)
Qui lassa la renommée
Au récit de ses exploits,
Quand l'étranger en furie
Espérait à ma patrie
Donner des fers et des rois.

Ah! ce fut la grande époque!
Malheur à qui le provoque,
Ce peuple ardent, irrité!
Il bondit, il frappe, il tonne,
Et partout il sème ou donne
La paix et la liberté.

Liége, ses lauriers sans nombre,
Te protégeant de leur ombre,
Alors sur toi s'étendaient;
Tu devins cité française,
Et ton sein fut la fournaise
Où nos canons se fondaient.

Aussi de Spa ta voisine
Où le pouvoir me confine,
Souvent me vois-tu venir
Respirer une journée,
Sur ta terre fortunée
Le parfum d'un souvenir:

Tel, quand le jour vient de naître,
Pauvre ami d'un pauvre maître,
S'échappe un triste serin,
Et dans sa cage indigente,
Il revient le soir, et chante,
Le gésier plein de bon grain.

Pour mieux voir l'eau fugitive
Je m'en vais de rive en rive,
D'un pont sur un autre pont;
Et cette eau qui vient de France
Au soupir de ma souffrance
Par un doux soupir répond.

En descendant, elle pousse...
Quoi donc?... Rien... Un peu de mousse,
Verte frange d'un îlot;
Par un orage emportée,
Ainsi que moi ballottée,
La voilà jouet du flot!

Une mésange s'y place,
Appelant l'oiseau qui passe,
Ou qui vole tout autour....
Eh! d'où vient-elle elle-même?
De ce beau pays que j'aime,
Où tout nous parle d'amour!

Quand bouillonne la chaudière
D'un bateau que la frontière
Demain verra remonter,
Mon cœur soudain se demande:
« Comme objet de contrebande
« Ne pourrait-il m'emporter? »

Et quand dans ses flancs de chêne,
En descendant, il amène
Des Français... l'œil sur son bord,
Et plein d'une sainte flamme,
J'observe, enfant, homme, femme,
Qu'il nous verse sur le port;

Je les frôle, je les touche,
Du moindre mot de leur bouche
J'aime et j'admire l'accent;
Qu'un obstacle les arrête,
Char qui court, bateau qu'on frète,
Je lui suis reconnaissant!

Parfois, grandissant mon rôle,
Je leur dis une parole,
Enfin, bienheureux mortel!
Je les suis, je les escorte
Pas à pas, jusqu'à la porte
D'une auberge ou d'un hôtel.

Liégeois, de ma nostalgie
J'endors ainsi l'énergie,
Et, sous mon œil de proscrit,
Quand le hasard vous rassemble,
Sur chaque front il me semble
Qu'un nom français est écrit!

Parce que de votre histoire
Souvent vous peigniez la gloire
Sous des traits un peu hardis;
Parce que de vos batailles
Les héros à hautes tailles
Etaient encore grandis;

Parce que, d'humeur altière,
Plus haut que toute bannière
Vous placiez votre pennon;
A votre accent énergique,
De *Gascons de la Belgique*
On vous donna le surnom.

Quelque chose vous en reste :
L'animation du geste,
Antipathique au Flamand ;
La parole colorée
Et la phrase exagérée
Du poëte et de l'amant.

Liége, si sur ta colline
La brise, toujours câline,
Souffle pour la caresser,
C'est que, le long de la rive,
Cette brise qui t'arrive
Sur la France a dû passer.

Tes prés de fleurs se décorent,
Tes fruits de soleil se dorent,
Entre tes champs de houblons
Plus d'un vert berceau se drape
Avec la treille ; et la grappe
Mûrit même en tes vallons.

Comme un noir torrent qui roule,
Quand tes armuriers en foule
Quittent leur ardent enfer,
J'aime à voir leurs larges bustes,
Et leurs bras nus et robustes
Qui savent tordre le fer ;

J'aime à voir ton ouvrière
Portant sur sa tête fière
Des fusils en long faisceau;
Pour moi, c'est une Bellone
De quelque troupe wallonne,
Digne d'un grave pinceau;

Jamais son fardeau ne penche;
La main ferme sur la hanche
Elle va d'un pas hardi;
Ainsi, droites sous leur cruche,
Le pied jamais ne trébuche
Aux filles de mon Midi.

Soit qu'aux jeux ils fassent trêve,
Soit qu'ils courent sur la grève,
Remplissant l'air de leurs cris,
Aux soldats soit qu'ils se mêlent,
Jusqu'aux enfants qui rappellent
Les vifs gamins de Paris...

Mais souvent l'ennui me gagne;
Ville, fleuve, quai, montagne,
Alors tout semble un tombeau;
Et lorsque chacun admire,
Bien bas je me prends à dire :
« Oui, cela doit être beau! »

Car toute fleur est froissée,
Toute verdure est passée,
Tout soleil paraît voilé,
Tout son est un cri d'alarme,
Tout est douleur, peine, larme,
Tout est mort pour l'exilé !...

Et toi dont l'onde m'invite,
Meuse, pourquoi couler vite
En t'éloignant de ce lieu ?...
Si tu remontais... encore !...
A la France que j'adore
Tu porterais mon adieu !...

LA VILE MULTITUDE.

AIR : *De la colonne.*

Spa.

Peuple, souris au nouvel anathème
Qu'on fait tomber sur ton front souverain;
Tu fus Ilote à ton premier baptême,
Au temps des Grecs; puis un autre parrain
Te nomma Plèbe au sol transtévérin;
Vassal, Manant, quand de leur servitude
Ducs et Barons t'imposaient le niveau;
Canaille enfin... mais un parrain nouveau
Te nomme *Vile Multitude.*

Ainsi que Dieu, le Peuple est toujours jeune,
Actif au bien, au mal il est rétif,
Ses bras sont forts, quoique souvent il jeûne;
Toujours suspect il n'est jamais craintif;
Libre est son cœur, si son corps est captif.
Riches, voyez votre décrépitude;

Quand vous portez la mort en votre flanc,
Retrempez-vous dans le généreux sang
De cette *Vile Multitude.*

Il est encor des gens à privilége
Et dont l'esprit, par l'orgueil égaré,
A pour le Peuple un mépris sacrilége;
Pour eux, il est l'ancien pestiféré,
Vivant, mourant, du monde séparé.
Ils n'ont pas vu l'homme d'art et d'étude,
Au grand génie, au travail noble et saint,
L'un s'inspirer, l'autre sortir du sein
De cette *Vile Multitude.*

Mais un danger menace la patrie!
Au bruit lointain des lugubres tambours,
Fusil au poing, le Peuple est là qui crie:
« Serrons nos rangs, campagnes et faubourgs! »
Où courez-vous, riches, dans ces grands jours?
Dans un château, superbe solitude...
Et pour sauver vos biens, vos revenus,
A l'ennemi, qui va droit et pieds nus?
C'est cette *Vile Multitude.*

Pour couronner hôtel, palais et temple,
Au haut des airs, qui donc brave la mort?
Qui, des vertus, aux champs donne l'exemple?
Des flots houleux qui sait vaincre l'effort

Pour ramener des naufragés au port?
Qui, le premier, marche avec promptitude,
Quand l'incendie éclate en la cité?
C'est un enfant, c'est un deshérité
De cette *Vile Multitude.*

Et remarquez la différence étrange
Dans les combats livrés de Peuple à roi!
S'il est vainqueur, toujours le roi se venge,
Jetant partout ou la mort, ou l'effroi,
L'exil, le plomb, le glaive de la loi.
Le Peuple est-il vainqueur!... Noble attitude!
Pour laisser fuir ministres et tyran,
On voit s'ouvrir le flot indifférent
De cette *Vile Multitude.*

J'ai su combattre avec elle et pour elle;
D'abord au Louvre, au soleil de Juillet,
A St-Méry, brûlante citadelle,
Au Château-d'Eau, quand le plomb pétillait
Et que la flamme en spirale brillait;
De la servir conservant l'habitude,
En attendant des jours meilleurs, je veux,
Dans mon exil former au moins des vœux
Pour cette *Vile Multitude.*

CE QUE JE REGRETTE.

Bruxelles.

Ce qui, toutes les nuits, dès que mon œil se couvre,
Dans des rêves de feu me parle et m'apparaît,
Ce qui, tous les matins, quand ma paupière s'ouvre
Est mon espoir et mon regret;

France, ce ne sont point tes plaisirs et ta joie
Non, sous d'autres désirs mon âme se flétrit;
Dans un monde plus haut mon aile se déploie,
Plus loin regarde mon esprit.

Sous le soleil éteint de la morne Angleterre,
J'ai su presque oublier ton disque radieux,
Astre de mon pays qui répands sur la terre
Tes flots d'or, poussière des cieux.

Flandres, dans vos vergers en trésors peu prodigues,
Rencontrant l'arbre seul qui vit Ève pécher,
Je n'ai point demandé le doux miel de nos figues
Ni le fruit juteux du pêcher.

En voyant dans vos champs, sous sa parure étrange,
La perche du houblon, ce Thyrse du Flamand,
Cher Midi! je n'ai point regretté ta vendange,
Tes vins à perdre un Musulman!

O terre où je suis né! Sous le vent qui le pousse,
A mes carreaux givrés quand fouette le grésil,
Ce n'est pas ton hiver d'une haleine si douce
Qui me fait rêver dans l'exil.

Je ne demande pas, France, ta capitale,
Où, comme tous les cœurs, tous les yeux sont séduits.
Grand caravansérail où l'Industrie étale
La guirlande de ses produits.

Je ne demande point, Paris, tes vingt théâtres,
Echelonnés le long de tes grands boulevards
Où, graves et plaisants, sérieux et folâtres,
Prennent vingt aspects les beaux-arts.

Mon cœur n'appelle ici ni l'actrice perfide
Qui, sœur de Silvia, fait un jeu de l'amour,
Ni Lénor la diva, ni la vive sylphide
Qui m'aimèrent... peut-être... un jour...

Ni la fière beauté qu'emporte un équipage,
Et qui, l'esprit bercé par d'amoureux desseins,

Semble des cavaliers dédaigner le tapage,
Les pieds croisés sur des coussins:

Ni la jeune fillette à l'œil doux, au pied leste,
Qu'aucun autre pays n'a pu me redonner,
Qui, ramassant sa robe et d'un air tout modeste
Montre une jambe... à vous damner!

Ce n'est point l'Amitié... pourtant j'y suis fidèle;
Mais sous de nobles toits partout je fus admis,
Et la Fraternité me couvrant de son aile
A peuplé ma route d'amis;

Ce n'est point ma famille... et pourtant je la pleure;
Mais je la sens du cœur, de l'âme je la vois,
Elle est à mes côtés et me parle à toute heure,
Car ses bienfaits ont une voix.

Qu'est-ce donc que j'appelle? Eh bien! c'est cette France,
Vaisseau portant écrit au haut de ses agrès,
Sur son fier pavillon: *Avenir! Espérance!*
Dont la boussole est *le Progrès;*

C'est la France, volcan à la brûlante lave,
Epée aveuglant l'œil qui la voit flamboyer,
Arc qui lance l'idée à toute terre esclave,
Meule où l'erreur va se broyer;

Mais avant tout canon fatal à qui le tire,
Écueil qui vit sombrer plus d'un hardi nocher,
Sillon rendu fécond par le sang du martyre,
De la foi dévorant bûcher.

Voilà pourquoi je veux, fier de ma destinée,
Au sillon, au bûcher, à l'écueil, au canon
Qui provoquent de loin mon âme fascinée,
Jeter et ma vie et mon nom.

ORDRE DU JOUR

Du Commissaire spécial de la frontière d'Espagne aux gendarmes du département des Pyrénées-Orientales, sur le faux bruit de mon arrivée dans mon pays natal.

AIR : *Du Méléagre Champenois*, ou *De la Ronde des Comédiens.*

Bruxelles.

« Vite à l'affût, chasseurs de chair humaine,
« L'ordre est donné, gendarmes en avant!
« Pour le gibier que le sort vous amène,
« Oreille au guet, œil fixe et nez au vent!

« Il va passer... que nul de vous ne bouge;
« Et s'il veut fuir qu'il tombe sous vos coups;
« Oui, mort ou vif, il faut prendre le *Rouge*.
« Goutte de sang, c'est croix d'honneur pour vous.

« Dans son pays, puisqu'il osa descendre,
« Qu'il soit puni... Ce n'est point un malheur!
« De ses parents il vénère la cendre:
« La sienne donc peut s'unir à la leur.

« En Février, trente et quelques gendarmes
« Furent sauvés, grâce à son ferme appui…
« Glissez, amis, glissez, malgré vos larmes,
« Dans vos fusils une balle pour lui.

« Sur le rocher qui marque la frontière,
« On l'aperçut un de ces jours derniers,
« Disant : bientôt plus d'octroi, de barrière…
« Ses auditeurs étaient des douaniers !

« Près de la mer, au milieu de la foule,
« Un soir, du sel il condamnait l'impôt,
« Et demandait qu'en attendant la poule,
« On pût, gratis, saler au moins son pot.

« Il a prédit, se hasardant en plaine,
« Où l'écoutaient et moutons et brebis,
« Qu'au faible, enfin, loin de tondre sa laine,
« Les temps prochains donneraient des habits.

« Dans les celliers, il chante… c'est folie !
« Que ce n'est pas de précepte divin
« Que l'ouvrier ait seulement la lie,
« Et que le maître ait pour lui tout le vin.

« Sous l'arbre saint où Christ but le calice,
« Il a, dit-on, prouvé qu'il faut encor

« Que pour chacun notre olive mûrisse
« Et qu'elle verse à tous sa goutte d'or.

« Hier, il disait, aussi dans une grange :
« Quand le pain blanc, le matin et le soir,
« Abonde au riche, et que son chien en mange,
« Faisons qu'au moins le pauvre ait du pain noir.

« Enfin — jugez si tout cela révolte
« Et commissaire, et préfet, et mouchard ! —
« Il vient prêcher que de chaque récolte
« Ceux qui la font doivent avoir leur part ! »

Durant huit jours, le fusil sous l'aisselle,
Limiers allaient de buisson en buisson ;
Pendant ce temps, le proscrit à Bruxelle,
Pour les narguer aiguisait sa chanson.

Vite à l'affût, chasseurs de chair humaine,
Sur ces couplets, gendarmes en avant !
L'écho vers vous les porte, les promène…
Oreille au guet, œil fixe, nez au vent !

LE BLÉ DE SARRASIN.

BALLADE ROUSSILLONNAISE.

Bruxelles.

L'ENFANT.

« La fleur du sarrasin, sur sa petite branche,
« Brille d'un blanc de neige et réjouit mon œil.

LE LABOUREUR.

« Attends, mon pauvre enfant, le sort prend sa revanche :
« Le grain que la fleur couvre est noir comme le deuil.

L'ENFANT.

« On le porte au moulin... Dieu ! comme la farine
« En est blanche... oh ! le pain sera bon... quel espoir !...

LE LABOUREUR.

« Ta mère vient du four, soucieuse, chagrine...
« Vois ce qu'elle en rapporte... Un biscuit rude et noir. »

Le blé de sarrasin qui pousse dans nos plaines
Est, par ses changements, à notre sort pareil :
En partant, l'espérance ; en arrivant, les peines ;
En songe le plaisir ; la douleur au réveil ;
Le bonheur assombri par des craintes soudaines ;
L'orage succédant au rayon de soleil.

A MADAME *** DE BRUXELLES

QUI SE DISAIT ANTI-FRANÇAISE.

Bruxelles.

Vous l'avez dit: à ma patrie
Votre heureux pays ne doit rien:
Ni des arts la palme fleurie,
Ni les progrés de l'industrie,
Ni lois, ni droits du citoyen;
Oui, j'en crois votre plaidoirie:
Le Belge à la France appauvrie
Ne fait nul emprunt... et fait bien.

Je n'ai pas un mot à répondre
A vos raisons qui m'ont saisi;
Et, j'en conviens, pour me confondre,
Le lieu par vous est bien choisi:
C'est votre salon dont j'admire
Le somptueux ameublement:

Bronzes de Feuchère et Thomire,
Glaces que produit seulement
Saint-Gobin... Tenez, on s'y mire
De la tête aux pieds... c'est charmant.
Oh! je ne vous fais plus la guerre:
Tout prouve à mes sens étonnés
Que fleurs des arts, fruits de la terre,
Pour vous sont faits, chez vous sont nés,
La vérité s'est fait entendre
Par votre voix toujours si tendre,
Après un ravissant dîner
Où l'on sut tout assaisonner
Selon le précepte suprême
Et de Vatel et de Carême,
Ces maîtres dans l'art souverain
Dont fut roi Brillat-Savarin.
Vous m'attaquez — c'est de l'adresse —
Pendant qu'un beau dessert se dresse,
Quand, sur la table, heureux tableau!
De Marseille la figue sèche,
Le raisin de Fontainebleau,
De Montreuil l'admirable pêche
Brillent près des bonbons exquis
Sucrés par Boissier et Marquis;
C'est entre un verre de Champagne
Et ce flacon qui sent le sol
Du Roussillon, voisin d'Espagne;
Entre une bouteille au long col

Et sa chaleureuse compagne
Dont le Bourguignon alcool
Pénètre nos sens et les gagne.
Je perds ma cause, et je le dois,
A l'instant où, de vos trois doigts,
Portant doucement à vos lèvres
La tasse où fume le moka,
J'y vois l'estampille dont Sèvres
Sous son bleu d'azur la marqua.
Votre argument est redoutable,
Surtout quand, rentrés au salon,
Je feuillette sur une table —
Indiscret et léger frélon —
Maint petit, maint charmant volume
Que richement on relia,
Et tombés tous de quelque plume
Que mon cœur jamais n'oublia:
Hugo, qu'un feu plus pur consume,
Car son âme se rallia
Au peuple pour qui l'on exhume
Mainte loi qui le spolia;
Musset qui trop peu publia
De ses vers que l'esprit parfume;
Süe encor, qui montra l'écume
D'un monde auquel il se plia
Pour voir son cœur sous son costume;
Enfin, et là tout se résume,
Mon cher auteur de *Lélia*.

Si ma logique intéressée,
De la vôtre un peu courroucée
Subit les rigoureuses lois,
C'est après dîner, quand je vois
Que votre taille se dessine
Dans le satin où Victorine
Fit courir aiguille et ciseaux.
Ma raison morose et chagrine
Est prise encor dans vos réseaux,
Quand je vois la main élégante
Que Jouvin seul mesure et gante;
Quand je vois son lacet bouclé
Serrer votre bras potelé;
C'est quand, aimable séductrice,
A votre cou bien modelé
Un collier de Froment-Meurice
Resplendit en cercle étoilé;
C'est enfin — Victoire assurée! —
Quand nous terminons la soirée
Au grand théâtre où nous conduit
D'Auber la musique inspirée,
Riche d'accords plus que de bruit;
C'est quand Scribe aussi nous convie
(Ou l'un de ses jeunes rivaux)
A des croquis si pleins de vie
Et qu'aurait signés Marivaux.
Vous le voyez, tout le décèle,

Je suis vaincu dans mon procès;
Humblement je traîne mon aile
Sur la palme de vos succès:
Mais soyez juste autant que belle,
Et songez que cette querelle
Vous me la faites... en français.

LETTRE

DU FILS D'UN PROSCRIT.

Bruxelles.

« Quand, avec mes parents, pour des plages lointaines
« Je partis, au milieu des pleurs et des sanglots,
« De nos plus belles fleurs, réunissant les graines,
« Tu voulus, cher cousin, que nous fissions deux lots.

« Le tien, tu l'as semé dans la terre natale
« Où les astres cléments ont su le protéger;
« Moi qui subis la loi d'une étoile fatale,
« J'ensevelis le mien dans un sol étranger.

« Tes graines ont germé: gais boutons, fleurs superbes
« S'étendent sous tes yeux en tapis étoilés.
« Moi, je n'ai vu pousser que parasites herbes...
« Rien ne fleurit autour des fils des exilés!... »

TOUJOURS AIMÉE.

Bruxelles.

Quoi! parce qu'elle dort et depuis plus d'un jour,
Vous doutez que la France ait encor mon amour!...
Demandez au bétail s'il aime un frais pacage,
Au rossignol chanteur s'il aime un vert bocage,
A la fleur qui s'entrouvre un rayon de soleil,
Au malheureux captif un coin du ciel vermeil,
Au hardi matelot un vent frais dans les voiles,
Au navire en péril la splendeur des étoiles,
Et dans le grand désert, par ses feux consumé,
Au voyageur s'il aime un ombrage embaumé.
Le doute seul, amis, est un crime, un blasphème.
La France! pouvez-vous demander si je l'aime!...
De la nature entière, objets mystérieux,
Paix et charme du cœur, joie et plaisir des yeux,
Venez et vous verrez si ma flamme est pâlie,
Vous qui faites pourtant qu'ici bas on oublie;
Entourez mon exil, doux murmure des eaux,
Matinales chansons, prières des oiseaux,

Etoiles, fleurs du ciel que la nuit fait éclore,
Fleurs, étoiles des champs que fait briller l'aurore,
Des soirs calmes d'automne intraduisibles bruits,
Fraîcheur des bois, parfum des fleurs, saveur des fruits,
Ruisseau parleur, roulant à petites écumes,
Cîmes des monts qu'on voit poindre au milieu des brumes,
Joyeux soleils de mai, moins que d'autres trompeurs,
Iris courbant dans l'air ton ruban de vapeurs,
Doux Sylphe des rochers, Echo vers qui l'on jette
Un nom bien cher, afin que ta voix le répète,
Rosée aux pleurs féconds perlant sur le gazon,
Nuages d'or fuyant au profond horizon,
Papillons miroitants, vivantes pierreries
Qui tracez vos festons sur l'habit des prairies,
Voiles du matelot actif et diligent
Qui fendez l'air avec vos triangles d'argent;
Et vous qu'on sait encor plus chers aux belles âmes,
Sourires des enfants, tendres soupirs des femmes,
Vous enfin, mon beau rêve, ô glorieux succès
Que la muse promit à mes derniers essais,
Venez, et vous verrez votre force impuissante
A distraire mon cœur de la patrie absente.

LA SOLIDARITÉ.

AIR NOUVEAU.

Bruxelles.

De l'avenir, reine féconde,
Fille de la Fraternité,
Marche au travail, à toi le monde,
Puissante Solidarité.
Du courage !
Métiers et marteaux,
Bêches et rateaux,
Filets et bateaux,
A l'ouvrage !
Que de maux finis !
Travaillez unis,
Vous serez bénis !

C'est dans la noble France à son mandat fidèle.
Qu'aux enfants du travail, ranimés par sa voix,
Tendant avec amour sa puissante mamelle,
La Solidarité vient exposer ses lois.

Peuples, aux champs où l'Egoïsme
N'engraissait qu'un petit troupeau,
Sur le corps de l'Antagonisme
Plantons un fraternel drapeau.
De l'avenir, reine féconde, etc.

Frères, sur un grabat où le veille sa femme,
Pierre le vigneron, un paysan obscur,
Souffre et se meurt deux fois, car sa vigne réclame
Du brûlant mois de juin le travail long et dur.
Autour des ceps la terre sèche
Veut qu'on la tourne sans retard;
Donnons chacun un coup de bêche :
Tout revivra, vigne et vieillard.
De l'avenir, reine féconde, etc.

Frères, du brave Paul la barque s'est ouverte;
Tout en la radoubant avec un rire amer,
Il nous a vus partir; mais pour lui quelle perte!...
Restons, braves pêcheurs, une heure encore en mer.
Sur le flot que nos barques glissent;
Paul n'aura pas de jours perdus;
Si nos mains tous les soirs emplissent
Ses filets au croc suspendus.
De l'avenir, reine féconde, etc...

Frères, de la police avez-vous vu la meute
Traîner dans la prison Valentin le tisseur?

On le proclame chef de la fameuse émeute,
Ligue des ouvriers contre un maître oppresseur.
Pour que sa famille se vête
Et mange un peu de pain encor,
Faisons tous courir la navette
Sur son pauvre métier qui dort.
De l'avenir, reine féconde, etc.

Frères, tous ces proscrits, à qui dans nos campagnes
Nous donnâmes longtemps la table et l'oreiller,
Ils partent, nous laissant leurs fils et leurs compagnes,
Car leur pays qui dort, ils veulent l'éveiller...
Allez plus forts, faulx et faucilles,
Pour les braves qui combattront;
Par nos sueurs, à leurs familles
Payons le sang qu'ils répandront.
De l'avenir, reine féconde, etc.

On a mis sans pitié nos forces à l'épreuve;
Nos bras trop fatigués laissent choir le fardeau :
Des richesses, c'est nous qui grossissons le fleuve,
Et l'on nous refusait un simple filet d'eau.
Nos cris isolés sur la terre
Ne trouvaient qu'un écho moqueur;
Ils auront l'éclat du tonnerre
Quand nous les pousserons en chœur.
De l'avenir, reine féconde, etc.

Chacun pour soi! Non, non, la maxime est barbare,
Dieu ne nous fit-il pas à tous un cœur pareil!
Chacun chez soi! Non, non, peuples que l'on sépare,
Dieu n'alluma-t-il pas pour tous un seul soleil?
Le Christ, rayonnante victime,
Après un douloureux chemin,
Sur sa croix, emblême sublime,
Ouvrit ses bras au genre humain.

De l'avenir, reine féconde,
Fille de la Fraternité,
Marche au travail, à toi le monde,
Puissante Solidarité.
Du courage!
Métiers et marteaux,
Bêches et rateaux,
Filets et bateaux.
A l'ouvrage!
Que de maux finis!
Travaillez unis,
Vous serez bénis! (*bis*)

LE 24 FÉVRIER 1851.

Une disposition législative avait statué que la fête de la République aurait lieu, non pas au jour anniversaire de son triomphe dans la rue, mais à celui de sa proclamation dans l'Assemblée nationale.

Bruxelles, 28 Février 1851.

I.

Pauvres législateurs!... Par un vote hypocrite,
A tromper l'avenir avez-vous pu penser!
Sur des pavés sanglants quand l'histoire est écrite,
Rien, non rien ne peut l'effacer.

Je comprends que, du jour de la grande victoire
Le fameux souvenir vous donne du souci,
Le peuple eut les périls... Solons, veuillez m'en croire,
Laissez-lui les palmes aussi.

Resplendissante au sein d'une gloire immortelle,
Sur les débris d'un trône emporté dans les airs,
Quand donc la République, à nous, se montra-t-elle
Le front illuminé d'éclairs?

Oui, l'on enregistra son nom plein de puissance
Dans le temple des lois... Mais au Palais-Royal
Paris avait déjà constaté sa naissance
Et son premier cri martial.

Le 4 mai n'est pas le grand anniversaire!
Le peuple l'a compris... Dans son calendrier,
La date qu'il inscrit, la date nécessaire,
C'est le 24 Février!

II.

Pour la fête des rois, un tumulte servile
Dans leur lit réveillait naguère les faubourgs;
Mais Février a vu lever la grande ville,
Sans cloches, canons ni tambours.

Rien qu'en trois ans, la date est déjà familière!
Voyez, vers la Bastille, historique terrain,
Courir un peuple entier, comme une fourmilière,
Qui, pour l'hiver, cherche son grain:

Noble grain que celui dont cette foule immense
Fait sa provision dans un sublime émoi!
C'est la manne de Dieu, la féconde semence
Qui descend du ciel... C'est la Foi!

Pays légal, va, cours sous les voûtes d'un temple
Prosterner ton passé, courber tes repentirs,
Mais le peuple, sous l'œil de Dieu qui le contemple,
Prétend honorer ses martyrs.

Les larmes qu'il répand : voilà son eau lustrale ;
La Marseillaise y sert d'hymne religieux,
Et la haute colonne est comme une spirale
Par où ses chants montent aux cieux.

Volez tous vers la place où fut la forteresse,
Symbole d'esclavage impie et détesté,
Terre purifiée où maintenant se dresse
Le bronze de la liberté ;

Fier géant qu'en tremblant Paris oisif regarde
Au haut des boulevards comme un sujet d'effroi,
Et que le travailleur sur sa frontière garde
Comme la borne de la loi.

Le beau jour !... Mais je laisse à quelque fier rapsode
La tâche de montrer sous de riches couleurs
Tout ce peuple entraîné... Sur un simple épisode,
Moi, je veux jeter quelques fleurs.

III.

On m'a dit qu'une femme, à l'aube, était venue
S'asseoir à quelques pas de ce bronze suspect,
Et qu'en la regardant, quoiqu'à tous inconnue,
Chacun saluait par respect.

On dit qu'elle tenait de ses deux mains tremblantes
Un enfant rose et blanc debout sur ses genoux,
Et que des alguasils les hordes insolentes
Passaient, dévorant leur courroux.

De cet enfant on dit que c'était la grand'mère;
Dans ce monde où les cœurs battaient à l'unisson,
Elle cherchait non pas un spectacle éphémère,
Mais pour l'enfant une leçon.

Et cet enfant criait: « Vive la république! »
Avec un autre mot... qu'on a fait criminel;
Et ce cri là, c'était la naïve réplique,
L'écho d'un soupir maternel.

Et le peuple écoutait cette voix argentine
Qui frappait les esprits de son doux aiguillon;
Et personne n'osait sur sa bouche enfantine
Poser la main comme un bâillon.

La grand'mère à l'enfant remit une couronne,
Touchante expression de regret immortel,
Et l'enfant l'agita vers la haute colonne,
Comme un encensoir vers l'autel.

Puis, dans un saint transport, sa jeune âme échauffée,
La couronne vola dans l'air et s'accrocha
Aux lances de la grille, ainsi qu'un beau trophée...
Lors, un ouvrier s'approcha;

Il tendit fièrement sa main dure et calleuse,
Stigmate d'un travail rude et quotidien;
Et serrant de l'enfant la peau fine et moelleuse:
« — Merci, mon petit Citoyen ! »

Il dit, l'œil plein de pleurs... et sans la moindre crainte,
Le petit Citoyen, du compliment flatté,
A l'ouvrier rendit étreinte pour étreinte...
Noble et sainte fraternité !

Femme, je te connais... mon cœur t'a devinée;
Dans ta noble action ton nom se trouve écrit;
Du même flanc que moi, parle, n'es-tu pas née?
N'es-tu pas la sœur d'un proscrit?

De cet enfant, né presque avec la République,
Toi qui guides le cœur, en attendant le bras,

Aux jours des grands périls, ainsi qu'une relique
Jamais tu ne le garderas;

Tu sauras lui cacher tes yeux remplis de larmes;
Tremblante, tu feindras même de ne rien voir,
Quand d'une main furtive il saisira ses armes
Pour accomplir un saint devoir.

Avec ton petit fils, malgré ta peine amère,
Si le peuple trouvait encore un oppresseur,
J'en fais foi, tu serais courageuse grand'mère,
Comme tu fus vaillante sœur.

IV.

Les instincts de l'enfant sont, à l'état de germe,
Les passions de l'homme... Il faut les diriger:
Quand un ruisseau grossit, une écluse se ferme;
L'eau se détourne sans danger.

Pour former un berceau, malgré sa forte écorce,
S'il est pris jeune encor, l'arbre au plus rude tronc,
Aux mains d'un jardinier humiliant sa force
Plie et se courbe comme un jonc.

Pour ton fils, avant l'âge où l'ardeur se déchaîne,
Ainsi que l'éclusier crains les flots grossissants;
Comme le jardinier qui sait courber le chêne
Plie au bien ses instincts naissants.

Etale à ses regards des tableaux purs et graves;
Mille jeunes vertus en lui semblent fleurir;
Tu les verras plus tard, comme des fruits suaves,
Se développer et mûrir.

Mères, ce sont vos soins que chaque enfant réclame;
Tout est pour leur mémoire époque, événement;
Tout nourrit leur désir, leur pensée et leur âme...
A vous le choix de l'aliment:

Cherchez quelque leçon noblement instructive;
Au tableau des vertus et des faits éclatants,
Les esprits et les cœurs de l'enfance attentive
S'émancipent avant le temps....

V.

Et la mère montrait à l'enfant cette foule
Immense, qu'on voyait, rang par rang, s'approcher
Du monument altier, comme une mer qui houle
Et flot par flot baise un rocher;

Elle lui faisait voir cette rouge phalange
D'élus du peuple, allant, avec recueillement,
Retremper leur vigueur sous les ailes de l'ange
Qui plane au haut du monument.

Quel tableau ! Ces discours, ces chants, cette allégresse
Dont les morts de Juillet auront dû tressaillir,
Ces montagnes de fleurs, comme jamais la Grèce
Pour ses héros n'en sut cueillir...

Et l'enfant, jeune acteur du drame populaire,
A ses petits enfants, vieillard, le redira,
Car, tous les ans, ainsi qu'un chêne séculaire,
Ce souvenir reverdira.

POUR UN ALBUM.

A MADEMOISELLE ****

Bruxelles.

M'envoyer ton album par le chemin de fer,
Pour que j'y laisse choir une phrase rimée !
Mercure est détrôné... Des mains de Lucifer
J'ai reçu ton message entouré de fumée.
Me voici plume en main... tout m'en fait une loi;
Mais lorsque j'accomplis tes volontés pressantes,
Songe que je suis loin de la France et de toi ;
Que mes deux muses sont absentes.

LES BARBARES.

AIR : NOUVEAU ; OU : *J'en guette un petit de mon âge.*

Bruxelles.

Oui, d'Attila les hordes redoutables
Vont reparaître... et leurs vœux sont connus.
Quittons nos bals, nos concerts et nos tables,
Pour repousser ces brigands aux bras nus.
Lances et dards n'arment plus leurs cohortes;
Ils ont aux mains — terrible épouvantail ! —
Marteaux, compas, instruments de travail...
Les Barbares sont à nos portes !

Avant d'oser pénétrer dans nos villes,
Ils ont fouillé d'un œil sombre et jaloux
Nos bois si verts et nos forêts tranquilles
Où les abus croissaient encor pour nous;
Et maintenant, comme des feuilles mortes,
Nos chers abus volant en tourbillons
Sont balayés au vent de leurs haillons...
Les Barbares sont à nos portes !

Ces destructeurs, sur leur rouge oriflamme,
Pour tout esclave ont écrit *Liberté!*
Egalité! pour le faible et la femme,
Pour l'univers entier: *Fraternité !*
O Rois! tremblez au sein de vos escortes,
Car ce drapeau, dans les airs balancé,
Semble vous dire : « Assez de sang versé!... »
Les Barbares sont à nos portes !

Sur leurs guidons brille une autre devise,
Un cri fameux, leur plus puissant levier;
Ils l'ont écrit de façon qu'on le lise
De tous côtés: *Du pain pour l'ouvrier!*
Donnez du pain... leurs poitrines plus fortes
Réclameront demain un peu de miel...
Et puis... un peu de tous les biens du ciel...
Les Barbares sont à nos portes!

Un dernier mot complète leur légende :
Instruction!... fut-il rêve pareil !
Pour ses enfants le Vandale demande
Un chaud rayon de notre vieux soleil.
« Mes volontés, dit-il, sont de deux sortes:
« En travaillant tout homme doit avoir
« Le double droit de vivre et de savoir... »
Les Barbares sont à nos portes!

Chez leurs aïeux ils prennent leurs exemples ;
L'esprit du mal pousse leurs bataillons;
S'ils ne vont plus broyant palais et temples,
Ils briseront trônes et goupillons.
C'en est donc fait, Attila, tu l'emportes!...
Courbons le front sous le *fléau de Dieu :*
Au monde ancien il nous faut dire adieu!...
Les Barbares sont à nos portes!

DISTRACTION.

Bruxelles.

Quand l'hirondelle
Battant de l'aile,
Passe dans l'air,
Comme l'éclair;

Quand la feuillée
Est éveillée
Par les soupirs
Des doux zéphyrs;

Tendant ses voiles
Sablés d'étoiles,
Quand vient sans bruit
La pâle nuit;

Quand ma croisée
Est irisée
Par le soleil
A mon réveil;

Quand de l'orage
L'Echo propage
Des monts aux bois
L'ardente voix ;

Quand, à l'abeille
Que Mai réveille,
Je vois la fleur
Ouvrant son cœur ;

Et quand l'haleine
De Juin ramène
Des tourbillons
De papillons ;

Battant la roche
De proche en proche,
Quand les ruisseaux
Font des ressauts,

Ou, sur les mousses
Fraîches et douces,
Quand ils s'en vont
Clairs jusqu'au fond ;

Quand l'herbe crie
Dans la prairie,
Quand elle dit
Qu'elle grandit,

Alors je rêve;
Et donnant trêve
A mes malheurs,
Source de pleurs,

Mon ciel s'azure;
De la Nature,
Pour un moment,
Je suis l amant.

Fière Dryade,
Sous une arcade
De tes forêts,
Tu m'apparais;

Douce sylphide,
Vers toi me guide
Ton front qui luit
Et me séduit;

Flore embaumée,
Ma main charmée
Fait des bouquets
Dans tes bosquets;

Echo fidèle,
Ma voix te hèle,
Car je voudrais
Saisir tes traits,

Péri légère,
Sur la fougère
Je suis tes pieds
Si déliés;

Pour voir Ondine
Ma main incline,
Au bord des eaux,
Les verts roseaux...

Oui, belles fées,
D'argent coiffées,
Et les habits
Pleins de rubis,

Sur vos mystères,
Voiles austères,
Portant mes yeux
Audacieux,

Par un sourire,
A votre empire
Je me soumets
Une heure... Mais

De la Patrie
La voix me crie:
« A moi toujours
« Tous tes amours!

« Que tes journées
« Me soient données,
« J'en ai besoin...
« Même de loin !

« Tu veux une heure?
« C'est la meilleure,
« Le plus souvent,
« Qu'on jette au vent.

« Combats, travaille !
« Paix ou bataille,
« Point de repos
« Sous mes drapeaux ! »

Cette parole
Dicte le rôle
Qu'à tout proscrit
Sa foi prescrit.

France, pardonne...
Va, j'abandonne
Tous les plaisirs
Des doux loisirs;

Hors toi, ma mère,
Tout est chimère,
Ombre, vapeur,
Éclair trompeur;

Ta voix réclame
Mon bras, mon âme;
Dis le moyen,
Ils sont ton bien;

Ma vie est tienne...
Que l'instant vienne!
Né dans ton flanc,
A toi mon sang!

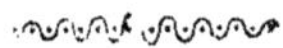

LE REFUS DE SERMENT.

A MON FRÈRE FRANÇOIS.

Bruxelles.

Par une route ouverte au-delà de la nue
Et dont chaque jalon est une étoile d'or,
Route mystérieuse à toi si bien connue,
Viens m'affirmer un bruit dont je tressaille encor.
O toi, frère, de qui la palme académique
Illustra les vingt ans à peine révolus,
Viens me dire aujourd'hui si le chêne civique
Couvre ton vaste front d'une branche de plus.

Mais je sais tout déjà, grâce à ce fil magique
Qui te doit la parole... Un clin d'œil a suffi ;
Sur ses ailes de feu le fluide énergique
M'apporta ton refus, audacieux défi.
Je sais que ta vertu, de tous les tiens bénie,
Quand des nobles pudeurs notre époque est en deuil,
Comme un phare-tournant, œuvre de ton génie,
Dans l'orage d'hier t'a sauvé de l'écueil.

« Le vieillard » disaient-ils, en te faisant injure,
« A perdu sa verdeur et sa virilité;
« Le serment sortira de sa bouche parjure. »
Ils mesuraient ton âme à leur servilité.
Le sapin qui des monts couvre les cimes blanches
Brave, le front levé, les hivers orageux;
Tandis qu'au moindre vent qui souffle dans les branches
Se courbent humblement les joncs marécageux.

Quand le soldat d'Arcole aspirait à l'Empire,
Toi qui, bien jeune encore, osas répondre: *Non!*
Par ton second refus qui du premier s'inspire,
Tu doubles aujourd'hui ton glorieux renom.
Beau début, qu'une fin non moins belle couronne!
Vie, où rien ne se doit cacher sous le manteau!
Monument d'un seul bloc! Magnifique colonne,
Dont la base attendait un pareil chapiteau!

Tu t'es inquiété, dans ta sphère sublime
Où des mondes lointains tu calcules la loi,
Si je serais heureux et si ma haute estime
Grandirait dans mon cœur plein de respect pour te
Lorsque, pour m'observer, de là haut tu détaches
Ton œil toujours fixé sur le dôme étoilé,
Du soleil dont tu sus nous expliquer les taches
S'échappe un doux rayon qui charme l'exilé.

Oseras-tu, Fortoul, aux regards de l'Europe
Que fatiguent déjà tes actes outrageants,
D'une insolente main briser le télescope
Devant l'œil qu'ont brûlé ses verres convergents?
Chasse le Professeur qui de son auditoire
Eclaire la pensée, agrandit l'horizon;
Enlève l'Astronome à son observatoire,
Repousse le Vieillard du seuil de sa maison...

Non; le ministre a peur. Devant toi qu'il contemple,
Il se courbe et renonce à ses lâches desseins.
Tel un brigand de nuit qui, profanant un temple,
Vole le tronc du pauvre et les châsses des saints,
Redoutant tout-à-coup un terrible miracle,
Sacrilége timide et bandit circonspect,
N'ose porter la main au divin tabernacle,
S'arrête, s'agenouille et passe avec respect.

Bayard de la science, alors qu'à l'Industrie
Ton savoir prodigua les procédés nouveaux,
Tu refusas, sans faste et sans forfanterie,
Une part dans son gain que doublaient tes travaux.
Oui, tu fus *sans reproche* en ce siècle d'usure,
Et, soldat du Progrès, tu fus aussi *sans peur*,
Quand du Méridien tu cherchais la mesure,
Et quand ta forte main soumettait la Vapeur

La versatilité tient l'époque asservie;
C'est la lèpre du jour, le ver contemporain.
Heureux qui peut montrer aux deux bouts de sa vie
La trace de ses pieds sur le même terrain !
De ton passé celui qui soulève le voile
Te retrouve aujourd'hui ce que toujours tu fus;
Aussi, de la hauteur et du poids d'une étoile,
Sur le front du ministre est tombé ton refus.

Quand chacun parle haut, seul devrais-je me taire,
Seul devrais-je en ce jour voiler ce que tu fis,
Parce qu'en t'écrivant, au nom si doux de frère
Je puis unir encor le nom sacré de fils?...
Laurier au vaste ombrage, orgueil de ma famille,
Toi dont la gloire arrive aux plus petits hameaux,
Permets qu'aux yeux de tous mon laurier de charmille
Incline ses bourgeons devant tes fiers rameaux.

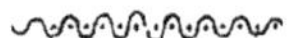

SCÈNE INTIME.

A LA FAMILLE FLEURY.

Bruxelles.

I.

LA FILLE.

Vois, ma mère, l'année à peine est commencée,
Et de notre pays, déjà Fanny m'écrit;
Parmi tant d'oublieux, constante en sa pensée,
Elle veut consoler la fille du proscrit.
De loin, elle me fait scintiller les parures
Qu'au jour béni son père à ses yeux étala;
Mais surtout un collier de perles les plus pures...
Que Fanny sera belle avec ce collier là!

LA MÈRE.

Ma fille, n'as-tu pas pour rehausser tes charmes,
Les perles de ton cœur... que l'on prend pour des larmes?
Je les vois tous les ans qui tremblent à ton cil,
Quand Janvier vient compter tes joyaux de l'exil.

II.

LA FILLE.

Ma mère, qu'ai-je lu?... ton riche diadème,
Celui que tu vendis en partant — quel affront! —
De notre délateur, c'est la femme elle-même
Qui maintenant, aux bals, le porte sur son front!
A vil prix acheté, tout est dans leur famille;
Ils se parent de tout, sans honte, sans remord...
Vois, Fanny me l'apprend, sur le sein de leur fille
Elle a vu l'autre soir ma petite croix d'or.

LA MÈRE.

Ils n'ont pu m'enlever, eux que l'or environne,
Le calme de mon front, noble et fière couronne...
Et toi, pour te parer, dis, que te manque-t-il?
N'es-tu pas fière aussi de ta croix de l'exil?

III.

LA FILLE.

Ma mère, il nous restait une bague, une seule,
Un petit diamant du naufrage sauvé!...

LA MÈRE.

Ce bijou précieux venait de ton aïeule,
Et pour ton jour de noce il était réservé.

LA FILLE.

Mais, depuis quelque temps, à ton doigt, bonne mère,
Ce trésor vénéré, pourquoi n'a-t-il pas lui ?...

LA MÈRE.

En poudre d'or il fut répandu par ton père
Sur des proscrits encor plus malheureux que lui.

LA MÈRE ET LA FILLE.

Ne la regrettons pas la bague fortunée,
En secours fraternels, jour par jour égrénée,
De tous les diamants de l'Inde et du Brésil
Nous paîrions les douleurs de nos frères d'exil.

MÉLANCOLIE.

Ostende.

Quelquefois, à la nuit, quand mon âme abattue,
Après de longs combats, cède au mal qui la tue,
Nostalgie incessante et que je traîne en moi,
Loin de la France, où sont les sources de ma foi,
Il me vient des pensers si noirs que j'ai l'envie,
Pour me délivrer d'eux, de leur jeter ma vie...
Je m'arrête pourtant... c'est que je tiens encor
A cette voûte bleue où sont tant de grains d'or;
Aux beaux prés verts semés de marguerites blanches;
Aux chansons des oiseaux voltigeant dans les branches;
A mon cher Roussillon, si fertile, si beau,
Où mon père et ma mère ont tous deux leur tombeau;
A cet autre tombeau sur lequel une étoile
S'arrêta l'autre soir et se couvrit d'un voile;
A mes frères vivants, vers qui, de l'exilé

Une pensée amie a tous les jours volé;
A ma sœur qui me suit de l'œil pendant l'orage,
Prête à me recueillir brisé dans le naufrage;
A ces deux chérubins au sourire charmant
Qui caressent ma nièce en lui disant: « Maman, »
Enfants encore, aux jours désastreux où nous sommes,
Et dont, pour l'avenir, je veux faire deux hommes.

LA MONTAGNE DES CHÈVRES.

PROVINCE DE LIÉGE. (G)

Spa.

Regardez ce rocher dressé là comme un mur;
Il emprunte son nom à la chèvre au pied sûr
Qui, seule, dirait-on, peut en gravir le faîte.
Fructidor finissait — jour de gloire et de fête! —
Les Autrichiens, postés au haut de ce rempart
Formidable, faisaient pleuvoir de toute part
Sur nos républicains les boulets et les balles.
Terrains mal partagés et forces inégales,
Tout disait la victoire impossible aux Français.
Pourtant à nos soldats il fallait un succès;
Il fallait châtier une ligue fameuse
Et repousser Clerfayt loin des eaux de la Meuse.
Nos enfants étaient tous des enfants de Paris,
Par l'émeute d'août, par Santerre aguerris,
Volontaires conscrits, bonnet rouge à l'oreille,
Qui mouraient en chantant le refrain de Marseille.

« Enfants, » cria leur chef, « vous allez dénicher
« Ces aigles qui, là-haut, sont allés se percher
« Pour dominer la route et le cours de l'Amblève :
« Le poste est bien choisi; donc il faut qu'on l'enlève. »
Ce laconique appel, de rang en rang porté
Par le chef dont le front rayonne de fierté,
Est accueilli partout avec des cris de joie.
Nul chemin n'est tracé, nul sentier, nulle voie
Par où s'élanceront tous ces braves enfants.
Y songent-ils?... déjà leurs regards triomphants
Mesurent la hauteur de la rude montagne...
Comme s'ils mesuraient quelque mât de cocagne.
Le prix est au sommet... il faut donc s'y hisser,
Mortellement atteint, plus d'un pourra glisser;
Eh! qu'importe?... *En avant!..* On ne veut plus attendre.
Le fameux *Çà ira!* partout se fait entendre.
L'Autrichien, au bas-fond voyant ses ennemis
Se remuer ainsi qu'un peuple de fourmis,
Laisse tomber sur eux un coup-d'œil sans colère :
L'aigle à la double tête est tranquille en son aire,
Il espère du moins qu'aux angles du rocher
Sa serre écrasera qui viendrait l'y chercher.
Cependant, des Français on voit l'ardente foule
S'avancer, s'avancer comme le flot qui roule;
Le roc est bien glissant!... Ils vont l'escalader;
L'un, l'autre, voyez-les se soutenir, s'aider;
Comme d'adroits chasseurs sur les plus rudes pentes
Ils s'accrochent au sol, se retiennent aux plantes,

Aux buissons épineux que le sang de leurs mains
Rougit... Jeunes héros ! intrépides gamins !
Il pleut sur eux du plomb, mais rien ne les arrête ;
On dirait, aux éclairs qui sillonnent leur tête,
Encelades nouveaux, que les dieux irrités
Lancent les feux du ciel sur leurs témérités...
Mais les dieux sont vaincus et leurs foudres s'éteignent.
Au sommet du rocher les Parisiens atteignent;
Le sabre, qu'ils tenaient aux dents pour mieux grimper,
Passe en leurs mains... Alors il faut les voir frapper :
L'arme des gens de cœur n'est-ce pas l'arme blanche ?
Le fer prend sur le plomb une belle revanche,
Et du haut de ce mont, percés, ensanglantés,
Les anciens occupants roulent précipités.
Les vainqueurs, aussitôt, phalange adolescente,
Cherchant d'un doigt poudreux une moustache absente,
Après avoir au loin balayé le terrain,
Fermes sur leurs pieds nus et le poing sur le rein,
Au bord du fier rocher s'établissent, superbes !
Mais ne l'oublions pas... De ces héros imberbes
Qu'un seul mot fit courir à ce brillant assaut,
Le chef était, comme eux, presque un enfant... Marceau!

GEORGE PÉKIN.

Air : *J'ai vu le Parnasse des Dames.*

Bruxelles.

Pékin !... dans ce vieux mot respire
Le mépris sanglant du Bourgeois;
Il fut inventé par l'Empire
Dont le parler fut peu courtois.
A ce temps quand on se rattache,
Le soldat, vantard ou taquin
Redit ce mot dans sa moustache...
Tu l'as voulu, George Pékin.

Le George Dandin de Molière,
Peuple, souvent t'a réjoui,
Quand, dans sa douleur familière,
Il s'accuse d'avoir dit *oui !...*
Eh bien ! ton *oui* ce fut le vote
Que tu disais républicain,
Et qui satisfit ta marotte...
Tu l'as voulu, George Pékin !

Bourgeois, toi qui veux sous ton aile
Conserver ton fils à jamais,
Entends le tambour qui l'appelle,
Car l'Empire n'est point la paix.
Ton fils aura la peau roussie
Aux feux d'un soleil africain,
S'il ne gèle pas en Russie...
Tu l'as voulu, George Pékin?

Toi, paysan bonapartiste,
Qui veux pour ta fille un époux,
Les beaux garçons — et c'est fort triste —
Le sac au dos partiront tous;
Ceux que laissera le tirage
Ont la jambe en villebrequin :
O les charmants coqs de village!...
Tu l'as voulu, George Pékin!

Et toi, vieux noble, vois renaître
Cette époque où, sous l'étendard,
Ta fille, par ordre du maître,
Pour mari prenait un soudard.
Plus d'un champignon de Décembre
S'étendra sous le baldaquin
Que tes aïeux parfumaient d'ambre...
Tu l'as voulu, George Pékin!

Faubourien, au bal des barrières,
Vois les soldats, d'un air fendant,
Prendre à ton bras les ouvrières
Et sourire en te regardant.
Si ta fierté crie et se cabre
A leurs procédés de Tarquin,
Ils t'offriront un coup de sabre...
Tu l'as voulu, George Pékin;

Tu critiquais encor naguères
Les vingt-cinq francs de tes élus;
Les sénateurs, plus fins compères,
Touchent cent vingt-cinq francs et plus.
Petit goujon, fuis à la nage,
Car ils vont, pareils au requin,
Avaler tout sur leur passage...
Tu l'as voulu, George Pékin!

Devant la pantoufle du pape
Nous montons la garde, à genoux,
Et le pontife rit sous cape
Des biens qu'il va verser sur nous;
Ces biens sont, pour l'orgueil du monde,
Carme, jésuite et franciscain,
Graine sainte et toujours féconde...
Tu l'as voulu, George Pékin!

Condamne ta langue à se taire,
Par peur, si ce n'est par devoir;
On a, pour sonder tout mystère,
Restauré le cabinet noir;
On a guérite qui surveille,
Confesseur qui sent le bouquin
Et mouchard à la fine oreille...
Tu l'as voulu, George Pékin !

Au despotisme ramenée,
La France éteint tous ses fanaux;
La pauvre presse assassinée
Git sous des monceaux de journaux;
Pour tes lectures les meilleures,
La Censure expurge Berquin,
Florian et les livres d'Heures...
Tu l'as voulu, George Pékin !

On va décrocher à la Halle
Vieux manteaux, vieux fracs, vieux galons;
Toute défroque impériale
Passe de là dans les salons.
On brosse, on radoube, on redore,
Peuple, et ces loques d'Arlequin
C'est ton or seul qui les restaure...
Tu l'as voulu! George Pékin !

———

A GUINARD.

EN APPRENANT LA MORT DE SA FILLE JOSÉPHINE.

Bruxelles.

Elle a fui ce monde profane,
Celle que nos yeux pleureront;
Mais, de son aile diaphane,
Toujours elle abrite ton front.

Enfant, dans le cachot de Sainte-Pélagie
Que Philippe t'ouvrit, ses lèvres bégayaient
Le nom si doux de père; et sa jeune énergie
Courait dans le préau que ses jeux égayaient.
Ton âme, par l'enfant distraite,
Oubliait chaînes et gardiens,
Quand ses bras autour de ta tête
Jetaient leurs caressants liens.

Avec quelques amis, j'osai, creusant la terre,
T'arracher, toi trentième, aux foudres de Persil.

Tu dirigeas ta barque aux plages d'Angleterre;
Joséphine y devint l'ange de ton exil.
De Londre où rarement s'allume
Le globe d'or, flambeau des cieux,
Son souffle dissipait la brume,
Et tout s'éclairait par ses yeux.

Plus tard, la République, après bien des défaites,
Couronna ses soldats au courage indompté;
Joséphine, à ton bras se montrait dans nos fêtes,
Comme l'ange si pur de la Fraternité.
Son front rayonnant d'espérance
Etait de roses couronné,
Comme l'avenir de la France
Qui, semblable aux fleurs, s'est fané.

Un jour—tu t'en souviens—un grave anniversaire
Tous deux à St-Méry nous avait appelés,
Vieux soldats, nous venions, d'une larme sincère,
Honorer tous les morts et tous les mutilés.
Elle quêtait dans cette enceinte,
Ta fille... et tous, sur son chemin,
Disaient: « C'est la Charité sainte
« Pour les martyrs tendant la main. »

Mais de la République, hélas! l'astre décline,
Et l'on ouvre pour toi les portes de Doullens.

O dévoûment pieux! Ta noble Joséphine,
Cher prisonnier, t'y suit de ses pas chancelants;
Et brûlée aux plus pures flammes,
Tous les jours que Dieu t'y compta,
Ainsi qu'une des Saintes Femmes,
Elle gravit ton Golgotha.

C'est dans ces durs sentiers qu'elle s'est épuisée,
Au saint devoir jamais ne demandant merci;
Et quand, malgré tes vœux, ta chaîne fut brisée,
La trame de ses jours s'était brisée aussi.
Au dernier triomphe arrivée,
Son âme au ciel put s'envoler:
Ainsi quand l'œuvre est achevée
La lampe cesse de brûler.

Joséphine n'est plus! Je souffre de ta perte;
Mon cœur, frère du tien, prend un voile de deuil;
Mes larmes ont coulé sur sa tombe entr'ouverte,
Et je te tends la main par dessus son cercueil.
Elle a fui ce monde profane,
Celle que nos yeux pleureront;
Mais, de son aile diaphane,
Toujours elle abrite ton front.

EXPULSION.

Bruxelles.

Quel est ce voyageur que la foule accompagne
A la gare où le rail s'en va vers l'Allemagne?...
Un prince? Non vraiment, c'est un proscrit français.
Sans motifs sérieux, sans débat, sans procès,
La Belgique où cinq ans il sut se rendre utile
A ses fiers compagnons — par la voix d'un Edile
Qu'il aime encor — lui dit d'aller chercher des cieux
Où des traditions l'on soit moins oublieux:
La Haye où Bayle un jour put enseigner le *doute*,
Genève, sous Calvin, transformée en redoute,
Turin où les proscrits du sol italien
Avant peu, formeront un fraternel lien.
J'irai, jouet du vent qui me pousse et m'emporte...
Car c'est bien moi qui pars... C'est moi que l'on escorte
En phalange compacte, au sortir d'un banquet
Où des toasts à la France ont servi de bouquet...

Parmi tous ces proscrits, des Belges ont pris place..
Hommes, femmes, enfants, tout le monde m'embrasse...
Arrêt d'expulsion tu deviens mon orgueil:
Pour mes amis, ce jour est un vrai jour de deuil!...

Belges, en rappelant mes titres de famille,
Peut-être aurais-je pu placer comme apostille,
Sur une humble requête au pouvoir en émoi,
Quelque fait généreux qui plaiderait pour moi.
J'ai des droits à rester, au moins, un de vos hôtes;
De vos mers parcourez les périlleuses côtes...
Sauveurs de vos marins, tous ces phares-tournants
Sont de mon frère aîné les bienfaits rayonnants.
Et votre Académie?... Et votre Observatoire?...
Leur auréole d'or, de sa splendide gloire
N'est-elle pas un peu le lumineux reflet!
Interrogez Plateau .. Parlez à Quételet.
Poursuivons... Vous savez l'ardente batterie
Qui porta haut l'honneur de votre artillerie,
Quand, au siége d'Anvers, nous combattions pour vous?
Eh bien! celui dont l'œil en dirigeait les coups
Et que Chassé trouvait entre tous téméraire,
Belges, de l'expulsé c'était encore un frère.
Voyons, demandez-vous des titres personnels?...
Certe ils seront moins beaux et bien moins solennels...
Mais sur leur front on lit: *Opéra... Comédie*,
Car ma muse par vous fut souvent applaudie;

Et mon nom resplendit dans un bel écusson,
Au théâtre du Parc où trône la chanson.
Si mon expulsion se jugeait par arbitres,
Devant eux je pourrais exposer d'autres titres
Qui de Septembre auraient rappelé vos grands jours...
Mais la pendule marche et mes moments sont courts...
On ne me verra pas, pauvre grillon sous l'herbe,
En chantant mon départ prendre un rhythme superbe,
Non, mon unique note est un cri de douleur
Qui s'enfuit dans l'espace en déchirant mon cœur...

Adieu Labarre, adieu, puisqu'on m'impute à crime
D'avoir uni parfois — étranger imprudent —
Mon crayon, coutumier d'une innocente rime,
A ta plume, au bec si mordant!

Adieu, toi, Simonis dont les marbres respirent!
Adieu Wirtz et Gallait, pinceaux pleins de fierté!
Potvin, Mathieu, Wacken dont les harpes soupirent
Des hymnes à la Liberté!

Adieu, Belges amis que dans mon cœur j'emporte,
Vous tous qui m'avez dit, pour bercer mon ennui:
« Quand le marteau fera tressaillir notre porte
« Nous dirons: c'est peut-être lui! »

Adieu proscrits! L'Espoir me parle par les rages
De ces vents déchaînés qui nous dispersent tous,

Car l'arc-en-ciel joyeux est le fils des orages:
Son prisme va briller pour nous!

Et je me livre alors au wagon qui s'élance,
Larmes, ne coulez plus... Ressentiments, silence!...
L'exil est un voyage où notre corps se sent,
De relais en relais, plus fort et plus puissant.
Ah! d'Ulysse imitons la prudence et l'adresse,
Quand, essayant de l'arc la corde vengeresse,
Devant tous ses rivaux au sourire moqueur,
Frémissant, il disait: « Patience ô mon cœur! »

LA JEUNE AVEUGLE.

A MA SŒUR DONT LA VUE S'ÉTEIGNAIT.

Genève.

On s'étonne que je sois gaie,
Que je chante dès mon réveil,
Comme fait l'oiseau sur la haie,
Au premier rayon du soleil.

« Pauvre aveugle ! » Ce cri m'arrive
Sur tous les tons. En souriant,
A cette note si plaintive
Je réponds: « pauvre clairvoyant ! »

Du ciel où la justice brille
L'aveugle est-il déshérité?
Non, non .. De toute ma famille
Ne suis-je pas l'enfant gâté?

Mon frère, pour tous indomptable,
Se soumet à ma moindre loi,

Et mon vieux père veut qu'à table
Les plus fins morceaux soient pour moi.

J'ai, toute enfant, toute mignonne,
Une sœur qui, sur mon chemin,
Pour me guider, chère Antigone,
Tend vers moi sa petite main.

A ma douleur la plus amère
Un bien doux souvenir s'unit:
En remontant au ciel, ma mère,
Moi la dernière me bénit.

Non, non, jamais je ne soupire
Après les biens que je n'ai pas;
C'est par l'intérêt qu'on inspire
Que l'on est heureux ici-bas.

Regardez: partout où je passe
Les yeux et les cœurs sont distraits ;
On m'offre la meilleure place
Dans un salon quand j'y parais.

Dans les jardins un autre charme !
C'est de droit qu'un bras me revient;
Et je sens à la moindre alarme
Qu'avec tendresse il me soutient.

J'ai ma cour dont l'aimable ensemble
Me flatte du matin au soir,
Et sur mes défauts elle semble
Emprunter... ma façon de voir.

On m'apprit, dans ma nuit profonde,
A moduler quelques doux sons;
Et Grisi, si j'en crois le monde,
Devrait prendre de mes leçons;

Quand je fais bégayer les touches
Que font parler Listz et Prudent,
L'éloge de toutes les bouches
Me vient sans un son discordant;

L'envie elle-même est trompée,
Car je reçois son compliment,
Sans voir sur sa lèvre crispée
La grimace qui le dément.

Plus que vous, je me crois pourvue
D'instincts délicats, fins, exquis;
Tout ce que me ravit la vue,
Mes autres sens l'ont reconquis:

Votre ouïe est toujours distraite
Par vos yeux, de tout voir jaloux;

Les bruits lointains, tout les arrête
Avant qu'ils n'arrivent à vous;

Mais pour notre oreille attentive
Rien n'est perdu; nous saisissons,
De la terre, gaie ou plaintive,
Les plus délicates chansons.

Bronze ou satin, dentelle ou rose,
Je les parcours du bout des doigts,
Et lorsque je touche une chose,
Je puis dire que je la vois;

Oui, je vois!... Le ciel tutélaire
Me montre tout dans l'univers,
Je comprends le spectre solaire
Par la gamme et ses sons divers.

A l'aveugle pauvre et débile,
Dieu bon! tu sers d'ange gardien;
L'aumône emplit mieux la sébile
Que dans sa gueule porte un chien;

A l'aveugle riche tu livres
Tes mystères, car l'œil d'autrui
Lui dit la nature et les livres,
Sans nulle fatigue pour lui.

O cécité ! douce compagne!
Le mal l'emporte sur le bien :
C'est donc jouer à qui perd gagne,
Entre tout voir et ne voir rien.

Je ne suis pas riche... qu'importe!
Beaucoup ont plus d'or... j'en jouis;
Des diamants qu'une autre porte,
Mes yeux ne sont pas éblouis.

Des rides la première trace
Viendra, mais je l'ignorerai;
Ne pouvant me voir dans la glace,
Sans le savoir je vieillirai.

La misère existe et j'avoue
En avoir entendu parler;
Mais voilà tout; et je me loue
De ne voir pas les pleurs couler.

Des champs de blé qu'un zéphir berce,
Si je perds les charmants aspects,
Sur ceux qu'un ouragan renverse
Mes yeux clos peuvent rester secs.

Quelle éternelle poésie!
L'univers entier me sourit;

Jamais la coupe d'ambroisie
Pour mes lèvres ne se tarit.

Loin que ma paupière baissée
Donne à tout l'aspect du tombeau,
Chaque objet, vu par ma pensée,
S'illumine et se peint en beau:

Le plus malheureux toit de chaume
M'apparaît propre et gracieux;
Et d'un temple le moindre dôme,
Pour moi, s'élève jusqu'aux cieux.

Les arbres verts jettent plus d'ombre
Contre les rigueurs de l'été;
A leurs branches des fruits sans nombre
Disent mieux leur fécondité;

Les mers sont couvertes de voiles,
Les jardins de fleurs plus parés,
Le ciel est plus sablé d'étoiles,
Les épis penchent plus dorés.

Puisque l'on dit qu'à tous les âges,
Même alors que nous sommeillons,
Vieux laboureur, sur nos visages
Le chagrin trace des sillons;

En comparant mon sort aux vôtres,
Mon lot est beau, je le maintiens:
J'ignore les soucis des autres...
Et je puis ne croire qu'aux miens.

Jusques à mes heures dernières,
Que Dieu me tenant par la main,
Des hommes... comme des ornières,
Me préserve donc en chemin!

ÉPIGRAMME.

Genève.

Les Rois, les Empereurs, en vrais oiseaux de proie,
A tout s'approprier semblent mettre leur joie :
Ils font dire toujours : Les *Théâtres Royaux*,
Et les *Jardins Royaux*... ou bien *Impériaux*,
(Suivant la main qui tient le sceptre symbolique ;)
On dit *Châteaux Royaux*... à *Royal* tout s'applique ;
On dit *Timbre Royal*... surtout *Trésor Royal*...
Enfin tout est *Royal*, ou bien *Impérial*...
Moins la dette pourtant... c'est la DETTE PUBLIQUE.

DEUX FÊTES.

En revenant de Plainpalais, grande plaine servant de champ de foire, aux portes de Genève, et à côté du cimetière.

La ville que Calvin a pétrie en ses mains,
De ses vieilles lois oublieuse,
Vers Plainpalais, accourt à flots par dix chemins,
Bien parée et toute joyeuse.

Charlatans, jeux forains, coups de fusil, tambours
Animent la foule accourue,
Qui s'agite, se presse et bondit dans son cours,
Comme le Rhône en temps de crûe.

Des simples ouvriers, des hommes de loisir
Les enfants s'ébattent sur l'herbe;
Et sur tout ce tableau de bonheur, de plaisir,
Le soleil rayonne, superbe.

Et nous, pauvres proscrits! — Dur contraste du sort! —
Frôlant ce tableau qui convie,

Deux par deux, nous allons ensevelir un mort,
Quand partout ruisselle la vie !

La tristesse pesante et le lugubre deuil
Chargent nos cœurs, voilent nos têtes...
Depuis bientôt dix ans, c'est toujours un cercueil
Qui préside à nos sombres fêtes.

La pâle mort nous traite en égaux... et pour nous,
Cœurs fraternels, c'est une grâce.
Citoyens et soldats, en tombant sous ses coups,
Tous, nous la regardons en face.

L'homme que nous portons dans le champ du repos
Fut un soldat exempt d'alarmes ;
Il souffrit pour n'avoir jamais à deux drapeaux
Fait le salut avec ses armes.

En Décembre il jeta loin de lui son fusil ;
Et fuyant l'ingrate patrie,
Du manœuvre-maçon il prit en main l'outil,
Simple soldat de l'Industrie.

Sous les feux du soleil, aux travaux les plus lourds,
Pour les plus modiques salaires,
Sans se plaindre un instant il a traîné ses jours,
Aussi longs que des jours polaires.

En butte aux durs assauts des besoins journaliers,
Aux vils procédés des polices,
Au doute injurieux des toits hospitaliers,
Il a vidé tous les calices.

L'exil trempa son cœur et forma son esprit;
Aussi, sans culture première,
Dans les discussions de proscrit à proscrit,
Il était prudence et lumière.

Il disait à chacun : « Malheur à qui subit
« Le joug des deux catégories,
« Qui veulent séparer la veste de l'habit...
« Des deux parts vieilles friperies!

« Nous tous qui, de l'exil portons au front le sceau,
« Formons des phalanges compactes;
« Loin de nous diviser, resserrons le faisceau,
« Soyons tous fréres par nos actes.

« Ne nous reposons point, ne soyons jamais las, »
Nous répétait-il, sans jactance;
« La liberté ne vient qu'après de longs combats,
« Elle est le prix de la constance. »

Auprès de son chevet quand nous étions en pleurs,
Lui seul nous donnait du courage;

Et la sérénité des immenses douleurs
Brillait sur son mâle visage.

Un moment cependant il parut s'assombrir,
Quand l'espoir replia son aile;
Soldat, pour la patrie il eût voulu mourir,
Comme il avait vécu pour elle.

Mais il comprit bientôt qu'il est de beaux trépas
Loin des éclats de la mitraille;
Que, pour être un exemple utile, les grabats
Sont aussi des champs de bataille.

Il s'est éteint, sans peur comme sans repentir,
En disant : « C'est de la couronne
« Dont la mort vient parer la tête d'un martyr
« Que la propagande rayonne! »

Frères, que notre adieu, sur sa tombe jeté
Soit, à défaut d'une hécatombe,
La protestation contre l'iniquité,
Et l'anathème de la tombe...

Et maintenant, portant au front notre malheur,
De Plainpalais prenons la voie,
Pour y revoir encor notre immense douleur
Coudoyer une immense joie...

Un long nuage noir, au drap de deuil pareil,
Nous surplombe et nous accompagne,
Quand, tout autour de nous, le splendide soleil
Dore la ville et la campagne.

DÉSIRS.

Genève.

N'aurai-je pas, un jour (dût-il être la veille
Du dernier de mes jours), le plaisir ravissant
D'entendre ces vieux airs si doux à mon oreille
Que ma mère et mes sœurs chantaient en me berçant?

Ne verrai-je donc plus au lointain apparaître
(Dût soudain ma paupière à jamais se fermer),
Perpignan, cette ville où j'appris le verbe *être*
Pour première leçon, et pour seconde *aimer?*

N'irai-je pas bientôt (dût la mort, d'un coup d'aile,
M'abattre au même instant), attacher au cyprès
Du tombeau de mon frère une simple immortelle
Qui dirait à la fois sa gloire et mes regrets?

Ne pourrai-je donc plus (dût le temps sur l'aiguille
Du cadran de mes jours poser son doigt glacé),

Prendre ma douce part des scènes de famille,
Et par des mains d'enfant me sentir caressé?

Enfin, ne dois-je pas (dût le sabre qui fauche
Les soldats-citoyens me renverser mourant),
Une troisième fois sentir le coude à gauche,
En marchant, l'arme au poing, au palais d'un tyran?

NOUVELLE EXPULSION.

Je disais, en voyant de tous côtés épars
Ces restes de créneaux, ces débris de remparts
Que Calvin resserrait, que Fazy fit abattre:
« O Genève, descends de ton amphithéâtre,
« Mire ton front nouveau dans les eaux du Léman! »
Je me croyais alors sous un ciel plus clément...
Mais hélas! j'avais fait — révolte épouvantable! —
Avec deux vrais amis au courage indomptable,
Une course au Canton fraternel du Jura
Qui du plus chaud accueil tous trois nous honora!..
Berne l'apprend: (Genève était dans l'interrègne
Du parti radical), vite que l'on contraigne
Le proscrit au départ. — Un ukase bernois
Arrive. — On me le lit d'abord en tapinois...
Mais je veux qu'au grand jour se vide la querelle...
On me répond alors: « Quitte la citadelle
« Des anciens réformés; ou sinon ton duvet
« Pourra roussir au feu du bûcher de Servet! »

Eh bien! l'exil me fait une patrie immense!
Plus je vois de pays, plus ma main ensemence.

Qui maintint, qui grandit la Réformation ?
Suisses, n'est-ce donc pas la persécution?
Sur les proscrits d'alors elle émoussa son glaive;
C'est par elle que Rome émancipa Genève;
Philippe est à Madrid; en Hollande Marnix;
On brûlait... oubliant la fable du phénix;
La cendre des martyrs fut un pollen-idée;
La terre la plus rude en était fécondée;
Le pur sang Cévenol fut le puissant engrais
Qui des champs protestants enrichit les guérets.

On le veut: reprenons mon bâton de voyage.
Mon étoile est un astre errant... Eh bien! courage!
Je marche le front haut, fort de l'autorité
Que revêt le malheur qu'on sait immérité;
Et j'offre la becquée, au sein de la souffrance,
A la douce colombe appelée Espérance!...

LES FLEURS.

Chalet d'Eugène Süe,
près d'Annecy.

Pourquoi ne pas chanter les fleurs?
Elles ont aussi leurs douleurs.

Voyez la Paquerette blanche:
Avec tristesse elle se penche,
Sa virginité — quel affront! —
De Laïs va parer le front.

Pourquoi ne pas chanter les fleurs?
Elles ont aussi leurs douleurs.

« Mon Dieu! » dit une fraîche Rose,
« Ce gros Bourdon sur moi se pose;
« Comme il porte un habit doré,
« Il croit qu'il doit être adoré. »

Pourquoi ne pas chanter les fleurs?
Elles ont aussi leurs douleurs.

« Suis-je donc sanglante et superbe? »
Dit la Violette sous l'herbe,
« D'un règne qu'ont puni les Dieux
« Je fus l'emblême factieux. »

Pourquoi ne pas chanter les fleurs?
Elles ont aussi leurs douleurs.

« Je subis et mode et caprice, »
Dit dans un coin un beau Narcisse,
« Bien haut Linné m'avait placé;
« Maintenant je vis délaissé. »

Pourquoi ne pas chanter les fleurs?
Elles ont aussi leurs douleurs.

« Et moi, » dit un bel Œillet rouge,
« J'orne le pot d'un mauvais bouge,
« Ou l'habit gras d'un Magister,
« Moi qu'on offrait à Jupiter! »

Pourquoi ne pas chanter les fleurs?
Elles ont aussi leurs douleurs.

« Et nous, simples ou panachées,
« Nous tombons, tristement fauchées,
« Avant l'heure, par les méchants, »
Disent les fleurettes des champs.

Pourquoi ne pas chanter les fleurs?
Elles ont aussi leurs douleurs.

Une m'a dit: « Vois cette femme,
« Belle, mais sans pudeur, sans âme...
« Le monde un jour m'humilia
« En la nommant Camélia. »

Pourquoi ne pas chanter les fleurs?
Elles ont aussi leurs douleurs.

J'offris à Laure une Pensée
Qui fut par dédain repoussée;
Et de la fleur qui se courba,
Une larme sur moi tomba.

Pourquoi ne pas chanter les fleurs?
Elles ont aussi leurs douleurs.

« Inscrivez-moi sur cette liste, »
Me dit le Géranium triste;
« Comme un débiteur qu'on poursuit
« Je ne me montre que la nuit. »

Pourquoi ne pas chanter les fleurs?
Elles ont aussi leurs douleurs.

Et toutes ces fleurs tropicales,
Dans nos serres faibles et pâles:
Elles sont les sœurs des proscrits
Aux yeux plombés, aux traits flétris.

Pourquoi ne pas chanter les fleurs;
Elles ont aussi leurs douleurs.

Mais qu'est-ce donc que la rosée,
Le matin, sur leurs fronts posée?
Une amante au cœur déchiré
Dira: « Comme elles ont pleuré! »

Pourquoi ne pas chanter les fleurs?
Elles ont aussi leurs douleurs.

Nous croyons — trop fiers que nous sommes, —
Qu'il n'est des pleurs qu'au cœur des hommes.
Les fleurs forment par ce côté
Un chaînon de l'humanité.

Pourquoi ne pas chanter les fleurs?
Elles ont aussi leurs douleurs.

A UN BRAVE OUVRIER PROSCRIT.

Chambéry.

Je ne suis point Mathews, et de la Tempérance
Je ne te prêche pas le dogme rigoureux,
Ouvrier: bois du vin... Oui, mais ma tolérance
S'arrêterait devant un abus dangereux.

Sous le ciel du midi, près d'une verte treille
Qui sur ton humble toit dessinait un arceau,
Tu naquis, je le sais... et la grappe vermeille,
Comme un jouet d'enfant, pendait sur ton berceau.

L'eau seule nuirait donc à ta rugueuse écorce.
Mais, avec les boissons dont on use en tout lieu
Si je ne prétends pas que tu fasses divorce,
Entends la voix du Peuple, elle est la voix de Dieu.

Le vin de ses coteaux est nommé le *Pénible*
Par le bon Genevois que sa vapeur endort,

A Lyon où l'ivresse au Canut est terrible,
Son mâcon frelâté c'est *le bleu de la mort.*

L'alcool concentré, qui sous sa force écrase
Ceux qui de le braver osent se faire un jeu,
Prit le nom d'Eau-de-Vie — ironique antiphrase ! —
Le Mexicain vaincu maudissait l'*Eau-de-Feu.*

Le Belge, assimilant à la lâche maîtresse
Qui de baisers impurs fait un mortel trafic
La boisson houblonnée entre toutes traîtresse,
D'un mot la baptisa: *c'est la Gueuse Lambic.*

Le Catalan bigot appelle *Viatique*
Le coup bu le matin — sombre comparaison ! —
Et le naïf enfant d'un canton helvétique,
Offrant son Kirsch-Wasser, dit: *buvons un poison.*

Le paysan Wallon, trop enclin aux rasades
Du corrosif Schydam qui lui fit plus d'un deuil,
Les membres tout perclus dit à ses camarades:
Venez-vous avec moi prendre *un clou de cercueil?*

Cherche en d'autres pays... Partout la raison crie
Par la voix d'un dicton un rigoureux arrêt;
Car partout une peur secrète se marie
Au gai tableau d'amis trinquant au cabaret.

Tu dis : « Pour oublier le malheureux doit boire. »
Mais dans les sucs trompeurs des grappes et des grains
Il va noyer sa force et non son humeur noire,
Et sa dignité d'homme au lieu de ses chagrins.

LA NATURE INERTE.

Chalet d'Eugène Süe,
près d'Annecy.

Pour le proscrit, peut-être, amis, avez-vous cru
Le cercle des douleurs en entier parcouru
Alors qu'il a quitté père, enfants, femme ou mère?
Non, sa lèvre n'a pas vidé la coupe amère,
Ni son âme épuisé tous ses gémissements.
Quand il a supporté les longs déchirements
Des intimes liens, des affections saintes,
De son cœur oppressé s'échappent d'autres plaintes.
En même temps qu'il perd amis, parents aimés,
Il perd aussi l'aspect des corps inanimés,
Objets naïfs et chers où se sont enlacées
Dans l'Enfance les fleurs des premières pensées;
Où l'Age mûr, en proie aux fortes passions,
Du soleil printanier cherche les doux rayons;
Où la Vieillesse même, oublieuse, affaiblie,
Jette un dernier regard plein de mélancolie.

Sans doute la famille eut nos grandes douleurs;
Mais la nature inerte appelle encor nos pleurs;
Et cet attachement qu'on ressent pour *les Choses*,
Mystérieux, bien plus que l'autre dans ses causes,
Dans ses effets n'est pas moins réel, moins puissant,
Et ne porte pas moins la flamme dans le sang;
Ce sont cuisants regrets, touchantes habitudes,
Tyranniques liens et chères servitudes;
C'est l'aspect d'un château, d'un torrent c'est le bruit,
Le parfum d'une fleur, le velouté d'un fruit,
C'est l'eau, l'eau du pays que notre soif réclame:
Appétits de nos sens, pareils à ceux de l'âme,
Qui s'augmentent toujours par la privation;
C'est le désir strident, l'ardente attraction
De l'air natal auquel nos avides narines
S'ouvrent pour apaiser le feu de nos poitrines;
C'est l'invincible attrait et l'absence d'un ciel
Aux horizons connus, au dôme habituel;
C'est l'incessant besoin d'un éclat de lumière
Depuis nos premiers jours à nos yeux familière;
D'un degré de chaleur utile à notre corps
Et sans lequel bientôt se rouillent ses ressorts.
Ah! de l'éloignement puissances infinies!
Ah! du pays natal divines harmonies!
Sympathiques appels! magnétiques rayons!
Molécules des corps que nous assimilions
Au nôtre, et dont au loin, nous ressentons la perte!

Cherchons d'autres effets de la nature inerte.

La nostalgie à l'œil de vampire et qui prend
Dans ses ongles de fer le front de l'émigrant,
Lui fait souvent placer, comme un regret suprême,
La nature au-dessus de l'humanité même.
Plus qu'un ami, par lui souvent est regretté
L'arbre qui l'abritait et qu'il avait planté;
Plus qu'un voisin, un bois plein d'ombre et de mystère
Vit dans ses souvenirs, car il sut toujours taire,
Confident délicat, les amoureux secrets
Qu'il aurait pu trahir.. comme tant d'indiscrets;
Plus que sur un parent à l'âme intéressée,
A travers monts et flots il fixe sa pensée
Sur un jeune églantier dont le bras généreux
Le retint au penchant d'un gouffre ténébreux,
Où le précipitait une chasse imprudente.
Mille choses encore, à cette fièvre ardente
Donnent de l'énergie et servent d'aliment:
Marin, de son navire il rêve le grêment;
Poête, il suit de l'œil la clairière fleurie
Où la muse entraînait sa douce rêverie;
Peintre, c'est l'atelier modeste où s'étalait
Un tableau paresseux sur un long chevalet;
Philosophe, Savant, le coin de cheminée
Où, fille du travail, une pensée est née;
Citadin, il gravit le rapide escalier

Auquel il s'arrêtait de palier en palier,
Il regrette une enseigne ou l'angle d'une rue ;
Paysan, c'est sa faulx, son fléau, sa charrue ;
C'est le vieux banc de bois placé sous le tilleul
Où, rêvant aux moissons, venait s'asseoir l'aïeul;
Le buisson du chemin qu'au lever de l'aurore
Il cherche du regard, et que le soir encore,
Quand par un chaud couchant les sommets sont rougis
Il voudrait saluer en rentrant au logis;
C'est le verger bien clos par la muraille blanche,
C'est l'antique figuier dont chaque verte branche
Porte — mieux que des fruits — des souvenirs si doux
Qu'on voudrait les aller cueillir à deux genoux.
Oh! de l'être pensant divines sympathies
Pour la nature inerte, et que n'ont amorties
Ni le temps un seul jour, ni l'espace un moment!

Peut-être direz-vous dans votre étonnement:
« Vos familles sont loin et n'ont pas leurs pareilles
« Aux pays où l'exil vous fait de tristes veilles ;
« Je puis donc concevoir vos regrets incessants
« Pour un père, une mère et pour des fils absents;
« Mais comment expliquer ce mal qui vous torture
« Pour des objets frappés de mort par la nature?
« Ce que de vos désirs d'ailleurs vous poursuivez,
« Ne se trouve-t-il pas aux lieux où vous vivez,
« Hospitaliers séjours où tout vous paraît triste?
« De leurs nombreux trésors si nous dressions la liste,

« Ces pays paraîtraient souvent plus fortunés
« Et plus riants que ceux où les proscrits sont nés. »

C'est vrai... Mais ces trésors, pour d'autres pleins de charmes
Ne furent pas témoins de nos premières larmes;
Ces bois, ce roc, ces murs, ce palais, ce salon
Ne sont pas de nos jours une étape, un jalon,
Ne chantent pas en nous comme de doux poèmes,
Ne sont pas, pour tout dire, une part de nous-mêmes.
A ce qu'on m'a ravi, rien, ici, n'est pareil;
Rien ne brille s'il n'est frappé de mon soleil!
La pierre du pays, ce n'est pas *une* pierre,
C'est *ma* pierre, et je vis en elle... Ce vieux lierre
Qui tient un beau cytise en ses puissants liens
Me rappelle des nœuds... moins constants que les siens;
Sur ce fauteuil brisé ma mère était assise;
Sur ce cadran mural, à minute précise
Mon vieux père réglait sa montre... Et ce clocher,
Que de petits oiseaux j'allais y dénicher!
J'entre en communion avec toutes ces choses!...
Que d'illustration et que d'apothéoses
A la plante, à l'arbuste, à la terre, au métal!
Ma main dévotement leur dresse un piédestal:
Aux poétiques cieux mon esprit les transporte;
J'anime et fais vibrer cette nature morte;
Comme Pygmalion de son marbre vainqueur,
Je pétris la matière et je lui jette un cœur.

Je ne puis fuir la voix intime qui me crie
Sur tous les tons plaintifs : « Vous êtes la Patrie,
« Choses de mon pays, matériels trésors ! »
Je voudrais admirer... En stériles efforts
Je m'épuise... Ces monts n'ont point de hautes cimes ;
Ces tempêtes n'ont pas au ciel d'échos sublimes ;
Ces forêts ont perdu leurs mystérieux bruits ;
Pas de jours éclatants, pas de paisibles nuits ;
La vieille cathédrale et le castel antique
Ne me chantent jamais virelai ni cantique...
Et que me fait à moi ce paysage vert,
Si partout où je vais je porte le désert !
Ce lac est sans éclat ; cet air est sans espace ;
Les fleurs de l'étranger, quand près d'elles je passe,
Ne répandent jamais de parfums sur mes pas ;
Les cailloux de l'exil ne me connaissent pas !

A LA FRANCE.

Mont-Cenis.

O France ! tu me fais gravir un long calvaire !
Mais à te vénérer encor je persévère,
En songeant qu'à ton ciel je dus plus d'un beau jour.
Ainsi, quand une femme a trahi mon amour,
Jamais d'un trait mordant je ne m'arme contre elle,
Et tous mes souvenirs plaident pour l'infidèle.

L'ANGE GARDIEN.

A mon ami P...

Dans un enfantement qu'un danger environne,
L'homme à qui le succès de l'acte est confié
Se dit : « Sauvons la mère ; une loi me l'ordonne ;
« Que l'enfant soit sacrifié. »

Mais souvent à la loi résiste la nature :
L'enfant qui se sent vivre en un suprême effort
Cherche l'air... et l'on voit la frêle créature
A sa mère donner la mort...

Et la mère est heureuse ; et son âme sereine
Contemple son bourreau d'un regard triomphant.
Que lui fait de mourir si le sang de sa veine
Va faire vivre son enfant !

Ah ! n'est-ce pas ainsi ta Louise est morte ?
Aux faiblesses jetant les plus nobles défis,

7

Et disant, d'une voix que l'amour rendait forte :
« Docteur, docteur, sauvez mon fils !...

« Les enfants doivent vivre...oh! n'ouvrez pas leur tombe!
« La France en a besoin dans ces temps rigoureux.
« Je ne suis qu'une fleur... qu'importe si je tombe
« Quand survit le fruit vigoureux !

« Mon enfant! mon enfant ! faites que je le voie !
« Qu'il est beau, n'est-ce pas?...ah! je bénis mon sort. »
Elle a dit... et bientôt, rayonnante de joie,
Elle est morte... comme on s'endort.

Ne pensez pas que seul, pour une vie amère
Soit resté cet enfant au visage vermeil,
Ni que son doux berceau l'endorme sans sa mère;
Elle veille sur son sommeil ;

Elle vient rafraîchir de ses deux blanches ailes
L'air empesté du soir que le monde corrompt;
Et lorsque le jour point, ses lèvres maternelles
Caressent encor son beau front;

Elle souffle des mots divins à son oreille;
Hier c'était *honneur*, aujourd'hui c'est *devoir*:
Et l'enfant, tendre écho que chaque mot éveille,
Les chantera matin et soir;

De sa mère, en suivant les contours de la nue,
Il croira voir les traits — prestigieux dessin! —
Dans sa naïve erreur, disant: « Je l'ai connu,
« J'ai bu le doux lait de son sein;

« Entre ses bras formant une double barrière
« J'ai sous son œil joyeux, tremblé mes premiers pas,
« Et j'ai sur ses genoux bégayé la prière
« Que sa lèvre épelait tout bas. »

Puis, de l'adolescent l'homme ayant pris la place,
Quand autour de son cœur les vices combattront,
Ce pieux souvenir formera la cuirasse
Où tous leurs traits s'émousseront;

Il dira: « Noble mère, ange que le ciel garde,
« Tu peux encor me voir, ne pouvant me parler;
« Eh bien! je ne veux pas, quand ton œil me regarde,
« Qu'il soit contraint à se voiler.

« Tu m'appris deux grands mots sur mon berceau penchée,
« Ajoutant qu'ils feraient ma joie et mon bonheur;
« Et, comme à des amis, mon âme est attachée
« A ces deux mots: *Devoir*, *Honneur*.

« J'aime la France aussi... Dans une mélodie
« Ta voix me la chantait sous mes voiles de lin...

« La France fut pour moi la famille agrandie
« Et je ne fus pas orphelin. »

C'est ainsi que dira l'enfant qui vient de naître,
Car sa mère sera son bon ange gardien;
Et grâce à ses leçons, il se fera connaître
Par ses vertus de citoyen;

Et quand s'annoncera l'époque grande et forte,
Il donnera son sang pour cet avènement;
Satisfait de mourir comme sa mère est morte:
Dans un sublime enfantement.

BOUTADE.

C'est encor, puis encor la même litanie!...
L'échafaud, la prison, moins que la Calomnie,
Ont toujours décimé le camp républicain.
Elle abat, imitant d'abord le vieux Tarquin,
Toute tête de fleur qui dans le champ domine;
Puis comme un ver rampant, elle creuse, elle mine,
Elle attaque à la base et l'herbe qui verdit,
Et le germe qui s'ouvre et l'épi qui grandit...
Quoi! nous voulons vos biens, nous demandons vos têtes?
Mais quels furent les noms de nos premières fêtes?
La Concorde d'abord; puis la Fraternité.
Quel coffre de banquier avons-nous visité?
Quel exil royaliste, en nos dix mois de règne
Signalerez-vous?... Non... Vous voulez qu'on nous craigne;
Et votre esprit demande, afin de nous ternir,
Au passé des raisons d'effrayer l'avenir.
Tous les bruits vous sont bons: vieux cancans de portière,
Ou contes de nourrice... Ils deviennent matière
A drames, à romans, à récits pleins de sang
Echelonnés selon l'esprit, l'âge et le rang;

Puis, pour nous baptiser à l'égoût on butine :
Sans-culottes, brigands, lêcheurs de guillotine...
Mais ces mots à l'oreille ont dès longtemps sonné.
Chacun de vous subit, aux échos condamné,
Le pouvoir absolu des phrases toutes faites.
Allons, je ne veux plus vous le cacher, vous êtes,
Dans vos aménités manquant d'invention,
Des calomniateurs à répétition.

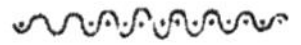

L'HOSPITALITÉ.

Turin.

I.

L'AÏEUL.

Jusqu'à ce jour, si ma famille entière
Te mesura son hospitalité,
C'est qu'on disait : « Les Français font litière
Des étrangers par leur causticité. »
Ami, pardonne à nos terreurs crédules;
Contre tes pleurs que peuvent tes bons mots?
Proscrit, ton cœur a gémi sur nos maux,
Français, tu peux frapper nos ridicules.

CHŒUR DE LA FAMILLE.

Pour l'attendrir, comme pour l'égayer,
Cher exilé, reste à notre foyer.

II.

LE PÈRE.

« L'aveugle orgueil du sol qui le vit naître, »
Nous disait-on, « est chez lui sans pareil. »
Mais tous les jours je vous vois reconnaître
Quelque scorie à votre beau soleil.
Pour vous, vos mers ont aussi des rafales,
Tout le plomb vil n'est pas or dans vos mains,
Et les cailloux qu'on trouve en vos chemins
Ne sont pas tous pierres philosophales.

CHŒUR DE LA FAMILLE.

Pour l'attendrir, comme pour l'égayer,
Cher exilé, reste à notre foyer.

III.

LA MÈRE.

On vous disait encor, de la famille
Un ennemi — dans le monde en est-il? —
Et je craignais pour mon fils, pour ma fille,
L'exemple affreux et son poison subtil.

Mais vos récits, comme autant d'auréoles,
Ceignent le front de vos parents — et moi,
Heureuse alors, je sens tout mon effroi
Se dissiper au vent de vos paroles.

CHŒUR DE LA FAMILLE.

Pour l'attendrir, comme pour l'égayer,
Cher exilé, reste à notre foyer.

IV.

LA FILLE.

On m'affirmait qu'en des rimes écloses
Dans nos vallons par le soleil dorés
Vous auriez dit: « Des femmes et des roses,
« Charme et parfums s'y sont évaporés. »
Hier cependant, cueillant des fleurs nouvelles,
Vous me chantiez dans vos vers les plus doux:
« Nina, ces fleurs me charment comme vous,
« Chère Nina, vous m'enivrez comme elles. »

CHŒUR DE LA FAMILLE.

Pour l'attendrir, comme pour l'égayer,
Cher exilé, reste à notre foyer.

V.

L'ENFANT.

On me contait — j'en respirais à peine
En te voyant, car, vrai, je l'avais cru —
Que chaque jour, comme Croquemitaine,
Tu déjeûnais d'un jeune enfant tout cru.
Et maintenant, quand avec moi tu joues,
En souvenir de tes petits neveux,
Je n'ai plus peur de tes dents et je veux
Etre baisé par toi sur les deux joues.

CHŒUR DE LA FAMILLE.

Pour l'attendrir, comme pour l'égayer,
Cher exilé, reste à notre foyer.

VI.

L'EXILÉ.

Quand des couvents les verroux et les grilles
Furent brisés par Calvin peu clément,
Guimpes au vent, des nonnettes gentilles
Fuyaient, fuyaient autour du lac Léman;

Et si, de loin, se montrait au pacage
Un blanc mouton, leur peur criait : « au loup !... »
A ces nonnains vous ressemblez beaucoup:
Pauvre mouton, vous redoutiez ma rage !

CHŒUR DE LA FAMILLE.

Pour l'attendrir, comme pour l'égayer,
Cher exilé, reste à notre foyer.

L'EXILÉ.

Pour l'attendrir, comme pour l'égayer,
Je prendrai place à ce noble foyer.

ROSE ET CAMÉLIA.

Turin.

Jenny, de ces deux fleurs, je sais pour quelle cause
Vous prenez celle à qui la nature oublia
De faire don d'un cœur... Oui, laissez là la rose,
Tout doit vous attirer vers le camélia.

« La rose est, » dites-vous, « détrônée! » — Un caprice
A la tulipe un jour donna la royauté;
Comme elle, votre fleur, nouvelle usurpatrice,
A la rose rendra le sceptre de beauté.

Oh! votre préférée est fière sur sa tige;
Elle est brillante autant qu'une planète au ciel;
Le papillon léger autour d'elle voltige;
Mais l'abeille la fuit... Son calice est sans miel.

Belle tête! d'accord... mais quand on l'a coupée
On lui fabrique un buste en bois, en fil d'archal,

On l'habille, on la pare ainsi qu'une poupée,
Pour la faire admirer toute une nuit au bal.

Délicieux duvet, doux comme une caresse,
Le satin de la rose est frais sous votre doigt;
Mais du camélia prenez la feuille épaisse;
Son humide contact n'est pas frais, il est froid.

La rose qui se fane a toujours de la grâce;
Regardez l'autre fleur quand son heure a sonné:
Chaque ride à son front dessine une crevasse,
C'est le hideux aspect d'une vieille Phryné.

Dieu la fit sans défense et livrée aux caprices
De quiconque lui porte un amour passager;
Mais sous son bouclier d'épines protectrices,
La rose offre un trésor doublé par le danger.

Quand le camélia, dans des palais de verres,
Croît pour les riches seuls de son éclat jaloux,
Pour les plus pauvres gens, dans les plus pauvres terres,
A la grâce de Dieu, la rose éclot pour tous!

La rose, bien souvent, d'une charmante bouche,
Pour qu'on l'y recueillît, reçut un doux baiser,
Mais le camélia, quelle lèvre le touche?
Quel message d'amour y vient-on déposer?

Jenny, de votre fleur la tâche est accomplie,
Quand tous les yeux sur elle un soir se sont portés;
Elle vit, on l'admire; elle meurt, on l'oublie:
C'est une fleur de joie aux attraits effrontés.

Voyez, n'est-elle pas comme artificielle?
Tout entière, la mort à nos sens la ravit;
Où sont les souvenirs qu'elle laisse après elle?
A ses charmes flétris nul parfum ne survit.

De la rose, au contraire, enivrante puissance,
L'âme nous reste, ainsi que d'un objet aimé
Le pieux souvenir; et de sa pure essence
Longtemps autour de nous l'espace est embaumé.

D'une de ces deux fleurs, vous l'image parlante,
Bel oiseau de passage aux champs de l'infini,
Du ciel bleu des amours vive étoile filante,
Je comprends votre choix, Camélia-Jenny.

NICE.

A MES FRÈRES D'EXIL.

A l'heure matinale où, de l'homme à l'abeille,
Pour le travail du jour chaque être se réveille;
A l'heure où, dans les bois, sur les monts, dans les champs,
Les oiseaux amoureux jettent leurs premiers chants;
A l'heure où le soleil pointe comme une gerbe
Et lance ses rayons qui vont mourir sur l'herbe,
Nice, je t'aperçois au fond de l'horizon.
Juillet n'est point pour toi la brillante saison;
C'est lorsque sous les pieds, ailleurs, craque le givre,
Que sur ton chaud terrain les nababs viennent vivre.
Pourquoi scinder l'année? Au solstice d'été
Ce pays a le droit d'être encore fêté.
Où donc respirer mieux cette brise marine
Qui rafraîchit la lèvre et l'ardente narine?
Même aux jours les plus chauds, des aquilons fréquents
Chassent du sein gonflé les spasmes suffoquants,
Et l'électricité dont la nue est chargée
Se brise aux arbres verts d'une terre ombragée.

Mais est-ce tout cela qu'ici je viens chercher?
Oh! c'est bien mieux... mon cœur tend à se rapprocher
Du cœur de cent proscrits jetés sur ce rivage;
Je veux presser leurs mains dans mon pélerinage,
Et dire à ces vaillants — épaves du Midi —:
« A votre dévouement j'ai de loin applaudi;
« Frères, le même accent dans nos bouches résonne,
« Notre pays natal, la même eau l'emprisonne,
« Bas-Alpins, fils du Var, de l'Hérault, Provençaux,
« La même étoile au ciel brilla sur nos berceaux.
« Et puis, vous le savez, les hordes policières
« Me font dire: salut! à toutes nos frontières.
« Après avoir, debout sur le rivage anglais,
« Trouvé, lunette en main, le phare de Calais;
« Après avoir tourné, — promenade anarchique —
« La borne de Quiévrain, frontière de Belgique;
« Après avoir, du haut des crêtes du Jura,
« Cherché le Saut du Doubs que mon œil mesura;
« Après avoir suivi la sinueuse voie
« Qui des gorges de l'Ain sépare la Savoie,
« Je viens, je viens toucher, tout au moins du regard,
« La frontière française où serpente le Var;
« Je veux voir de mes yeux si cette mer profonde,
« Au cadastre soumise, a fait deux parts de l'onde;
« Si d'une et d'autre part, chaque flot, en mourant,
« Pousse son long soupir d'un accent différent;
« Et si, brisée en deux, la vague se replie,
« Disant: Voici la France, et voici l'Italie,

« Comme font trop souvent Français, Italiens,
« Dont l'orgueil malheureux desserre les liens. »

Mais du *Dante* qui file a retenti la cloche ;
Le port qui sommeillait s'anime à notre approche :
Le golfe tout entier se dessine à mes yeux,
Vaste, bien découvert, splendide, gracieux ;
Et devant son bassin, Nice qui se prélasse,
Le regarde du haut de sa double terrasse.
Derrière ses maisons, voyez, c'est un verger;
La figue ici, mûrit, là fleurit l'oranger,
Et la vigne aux ormeaux mêle sa large feuille;
Là les fruits se courbant sous la main qui les cueille,
Tant aux branches ils sont en chapelets pressés,
Semblent dire aux passants: « Prenez et choisissez. »
Au sein des massifs verts et des touffes ombreuses,
Des clochers se font voir et des villas nombreuses,
Peintes de bas en haut de riantes couleurs...
A quoi bon?... Sur ces murs laissez grimper vos fleurs!
La plaine conduit l'œil à des collines vertes,
De sombres caroubiers et d'oliviers couvertes.
Quelle richesse encor! encor quelle beauté !
Mais, plus loin, mon regard, malgré moi, s'est porté
Sur ces monts, du tableau perspective dernière;
Leur masse nage au sein d'une douce lumière,
Leur sommet se dessine en scintillants galons...
— Tais-toi, mon cœur! — Ce sont les premiers échelons

Des Alpes... Et là-bas la terre qui s'avance,
Comme pour conquérir la mer... C'est la Provence!
— Oh! de tes mouvements modère le transport,
Sang du Midi! —

Le *Dante* est entré dans le port.
A peine débarqué, je cherche dans la ville
Ces Français à qui Nice ouvrit un champ d'asile...
Je les ai reconnus... ma main presse leur main.
— « De la frontière, amis, montrez-moi le chemin. »
— « Déjà! mais la fatigue? » — « Eh! je suis fils d'Antée;
« La force de mon corps sera vite augmentée...
« Faites-moi seulement toucher terre là-bas! »
— « Soit... voici le chemin... nous ne l'oublions pas! »
Comme j'aime leur air, leurs figures cuivrées,
Leurs gestes expressifs, leurs phrases colorées!
Nous rions... et des pleurs arrivent à nos cils!
Nous parlons... et de quoi les proscrits parlent-ils!...
De nos jours, de nos nuits, la patrie est le rêve...
Qu'un bonheur l'interrompe, une peine l'achève!
La Patrie est pour nous le plus puissant lien
Et l'objet le plus cher aussi... Le citoyen
Doit être, pour rester au grand devoir fidèle,
Prêt à tout entreprendre, à tout souffrir pour elle.
Qu'elle ait des jours de deuil ou des jours triomphants,
On lui doit tout: repos, fortune, femme, enfants,
Gloire que l'on poursuit, amour qui nous enchaîne,
Même les sentiments de vengeance et de haine

Que tant de maux soufferts semblent purifier,
Nous saurions au besoin lui tout sacrifier!
Tous ils ont approuvé de la voix ou du geste.
L'un d'entr'eux cependant, sans dire: je proteste,
Me demande comment se dévouer encor
Pour un pays passé de la lutte à la mort.
Je réponds: « Tout renaît... Croyez-vous que l'idée
« Qu'avec tout votre sang vous eussiez fécondée,
« A qui vous donneriez votre chair pour engrais
« Ne refleurira plus dans le champ du progrès?
« De la nature, amis, c'est la loi souveraine:
« La vie est dans la mort... Observez... Une graine
« Dans un champ labouré tombe de votre main...
« Vous la croyez pourrie en revenant demain...
« Un jour après, ouvrez le sillon qui l'enferme,
« Regardez bien ce point qui blanchit... c'est un germe...
« La plante, jour par jour, va s'élever sans bruit,
« Puis brillera la fleur, puis mûrira le fruit. »
Bien court est le chemin, devisant de la sorte.
Tout à coup, un cri part du sein de mon escorte:
« La France! » A ce cri là ma surprise répond...
— Oui, je la reconnais à l'autre bout du pont...
La borne à la frontière était bien superflue...
Ce massif de roseaux, là bas, il nous salue!
Monts, vignes, oliviers, de ce côté de l'eau
Tout est moins gai cent fois que sur l'autre rideau.
Il est midi, je crois... pourtant la chaleur baisse...
Et ce vent qui brûlait, maintenant il caresse...

Eh ! n'est-ce point la terre où, sous l'œil triomphant
De mes sœurs, se posa mon petit pied d'enfant ?
Le nid où je reçus, fragile créature,
Du corps et de l'esprit la douce nourriture ?
N'est-ce donc pas le sol où, le cœur plein de deuil,
J'ai vu d'amis bien chers descendre le cercueil ?
Cette blanche poussière en spirale élancée,
Par les vents du Midi le long des mers poussée,
Peut-être, en tournoyant de terrain en terrain,
Des cendres des aïeux m'apporte quelque grain !
Enveloppe-moi donc, poussière vénérée !...
   Je m'avance aussitôt vers la terre sacrée...
Mais du vieux pont de bois sur le fleuve jeté,
Par un garde attentif mon pied est écarté.
La France a peur, sitôt qu'un homme s'en approche,
Des révolutions qu'il couve dans sa poche.
Respectons ses terreurs... Entrons dans ce bois vert,
Planté le long du Var, et marchons à couvert
Jusqu'au point où la mer reçoit les eaux du fleuve ;
Pas un coin de tableau dont mon cœur ne s'émeuve !
Le lit est presque à sec... et je ne puis passer !...
Pourtant, jusqu'au milieu mon pas peut s'avancer...
Sur les galets, pour moi plus doux qu'une prairie,
Je m'élance... je sens le sol de la Patrie !...
Cette course n'est point caprice puéril :
On les prend où l'on peut les plaisirs de l'exil !
A mon retour, ma marche est beaucoup moins hâtive :
Je mets plus d'un quart d'heure à regagner la rive !

Mes amis, près de qui me voilà revenu,
Me montrent chaque point qui leur est bien connu :
Les Alpes, de la France orgueilleuse limite,
Et la gorge par où le Var se précipite,
Les mamelons charmants que couvre l'olivier,
Les coteaux rocailleux, richesse du cuvier,
Et la montagne chauve, et la montagne noire,
Saint-Tropez que trahit au loin son promontoire,
Sous nos regards, la baie aux contours gracieux,
Et dans le flot conquis le cap audacieux
Qui de soleil et d'eau de toutes parts s'imbibe :
— « Voyez-vous ces remparts tout dorés ?... C'est Antibe,
« Et plus avant encor, béni par le nocher,
« Le phare qui se dresse et semble au ciel toucher.
« Que ce ciel soit brillant ou que son front se voile,
« Ce phare est notre espoir, c'est notre unique étoile,
« Sa tour est un jalon pour nous quand le jour luit,
« Sur son fanal nos yeux se fixent dans la nuit,
« Et sans cesse il nous dit : Elus de la souffrance,
« Ce point à l'horizon, c'est la terre de France ! »
— Oui, la France partout ! Oui, la France toujours !...
Astre de l'espérance, étoile des amours,
Phare aujourd'hui voilé, qu'en notre nuit profonde,
Attentif cependant, regarde encor le monde !...
Devant ce grand tableau, mon cœur bat, mon sang bout,
Et mon ardent regard veut s'emparer de tout.
Arbres, coteaux, rochers, villes, fleuve, rivage,
Tout a pour moi des yeux, une oreille, un langage,

Tout paraît me sourire en écoutant ma voix,
J'entends ce que me dit chaque objet que je vois ;
Ces barques de pêcheurs dont la voile latine
Donne de longs baisers à la vague argentine,
Comme des alcyons qui vont rasant le flot ;
Ce bonnet écarlate au front du matelot,
Ces lointains si profonds, ce ciel d'azur sans brume,
Cette mer si tranquille et presque sans écume,
Ces oliviers géants, ces flexibles roseaux
Qui dans l'air frais du soir balançent les oiseaux :
Dans mon cher Roussillon chaque objet me transporte.
Ah! vous m'avez proscrit? impuissants!... Eh! qu'importe
Que vous me mesuriez l'air, la terre, les cieux!...
L'horizon ne sert point de limite à mes yeux ;
L'imagination me fait voir l'invisible,
Sa puissance a toujours raison de l'impossible ;
Habile, ingénieuse et fertile en moyens,
Elle brise la chaîne, elle échappe aux liens...
Des géants de granit, baptisés par Pyrène,
Qui servent à deux mers de digue souveraine,
Toi, l'un des chefs, car Dieu te plaça hors des rangs,
Toi qui gardes toujours tes trois panaches blancs,
Canigou, le plus beau sur ce front de bataille,
Remarquable d'éclat encor plus que de taille,
Je te vois ; et les fleurs dont tes flancs sont semés
Me lancent jusqu'ici leurs pollens parfumés,
Je te vois, je te vois, ô terre fortunée,
Toi que caresse aussi la Méditerranée ;

O champs du Ribéral par la charrue ouverts !
O montagnes d'Albère où sont les arbres verts !
Malgré l'éloignement, Corbières arides,
Devant moi vous passez... et mes regards avides
Cherchent entre vos plis la route d'Estagel
D'où ma mère, en chantant, s'envola vers le ciel !
Je remonte les ans devant ce beau mirage ;
Je me souviens de vous, amis de mon jeune âge,
De vous, première joie, et première douleur...
Rien de plus persistant que la mémoire en fleur...
Elle me garde encor ses parfums ; elle brille
De son plus pur éclat... Scènes de la famille,
Frères et sœurs... et toi, père que j'ai perdu,
Quand j'étais tout petit... ici tout m'est rendu.
Et vous donc, mes amours chastes et printanières,
De mes ans les plus frais caressantes lumières,
Salut !... A vos clartés, à vos chaleurs, je puis
M'alléger de mes deuils, secouer mes ennuis,
Comme après un orage, on voit une hirondelle,
Quand tombe un chaud rayon de soleil sur son aile,
Secouer vivement les gouttelettes d'eau
Qui sont pour sa faiblesse un trop pesant fardeau.

L'OLIVIER.

Nice.

Arbre calomnié, je te revois enfin !
Sous le frais abri de tes branches,
En suivant du regard le contour pur et fin
De tes feuilles vertes et blanches,

Je prétends aujourd'hui, de tes juges du Nord
Dont je soutiens l'incompétence,
Avocat du Midi, triompher sans effort,
Et faire casser leur sentence.

Ces juges partiaux d'abord t'ont déclaré
D'aspect, de nature indigente ;
Avaient-ils vu tes fruits d'où coule un flot doré,
Tes rameaux que Diane argente?

Ils ont trouvé ton front triste, ces étrangers,
Ta feuille jaunâtre et ternie ;

Mais, entre la mer bleue et les verts orangers,
Ta pâleur est une harmonie.

Ils ont ri de ton tronc s'en allant en lambeaux,
De tes racines déchaussées ;
Mais, sous leurs fiers haillons nos campagnards sont beaux,
Malgré leurs chaussures percées.

Quand ton front glorieux, verdure des hivers,
Brave les brises déchaînées,
Les arbres tes voisins élèvent dans les airs
Leurs bras nus, leurs mains décharnées ;

Plus d'un, pendant l'été, noir et lourd parasol,
Projette un ombrage perfide ;
Sous son dôme de plomb, trop brûlant est le sol,
Si le gazon n'est trop humide ;

Toi, tu tamises l'air, et tu rends sans danger
Le repos sous ton toit peu sombre
Où, filtrant à travers ton feuillage léger,
Un gai soleil paillette l'ombre.

A tes larges méplats, à ton torse fouillé,
A tes bras d'un dessin étrange,
A tes muscles nerveux, on te dirait taillé
Par le ciseau de Michel-Ange.

Salut, arbre athlétique! A mes yeux tu parais
Excellent sous ta rude écorce;
Simple dans ta vigueur, Hercule des forêts,
Tu peins la bonté dans la force.

Voulant élire un roi, tous les arbres, un jour
(Un poète grec nous l'atteste),
Allèrent au scrutin; et dès le premier tour
Fut nommé l'Olivier modeste.

Mais quand on vint placer la couronne à son front:
« Remportez ce hochet futile,
Dit-il,.. « Allez ailleurs... d'autres l'accepteront,
Moi, j'aime mieux faire mon huile. »

Vous qui ne croyez pas la guerre un bon levier,
Ni qu'aux libertés elle serve,
Vrais civilisateurs, songez que l'olivier
Ornait le casque de Minerve.

Le Vieillard, le mourant, fût-il presque couvert
Des froides dalles de la tombe,
Espère voir toujours briller le rameau vert
Qu'à son bec porta la colombe.

Le doux suc de l'olive apaise les douleurs;
Au repas de tous il se mêle,

Van-Eck s'en sert un jour pour fondre ses couleurs,
Et la peinture est éternelle.

Au métier paresseux, ce suc rend son ressort.
Il dérouille, il aiguise, il trempe ;
De l'homme de génie, enfin, sa goutte d'or,
La nuit, alimente la lampe.

Eh bien ! de l'olivier utile et vigoureux
Quelle est la place?... La première,
Car il dit tour-à-tour, dans un emblême heureux :
Espoir, Travail, Paix et Lumière.

SUR LA TERRASSE DE NICE.

A l'horizon lointain vous le voyez encor
Ce navire sorti depuis dix jours du port;
Le silence des vents l'arrête là, sur place.
On le dirait fixé dans une mer de glace.
De ce repos complet, l'équipage lassé
Consomme ce qu'il a pour sa route amassé,
Maudissant le ciel bleu, le soleil, les étoiles
Qui ne lui donnent pas un souffle pour ses voiles.
« Mieux vaudraient l'ouragan et la fureur des flots
« Que ce calme de mort! » disent les matelots.

Eh bien! ce froid navire où l'âme se consterne,
C'est notre époque, hélas! c'est le monde moderne.
Sans la foi, souffle ardent, rien qu'immobilité,
Et chacun se consume en sa stérilité...
Mais voyez... Un vent frais s'élève de la rive..
Le vaisseau tremble... Bien! c'est que la vague arrive...
Les mâts craquent aux vents, à la foudre, aux éclairs...
Chantez, gais matelots!.. Vous franchirez les mers!

LE DIEU HASARD.

AIR : *Eteignons les lumières.*

D'un bandeau l'on couvre ses yeux,
Et des biens de ce monde,
A tâtons l'on suit de son mieux
La trace vagabonde ;
Mais dans cette obscure nuit,
Le bonheur que l'on poursuit
S'échappe et s'évapore ;
Nous jouons à Colin-Maillard...
Le seul Dieu qu'on adore
C'est l'aveugle Hasard.

Quel est ce temple au fier aspect?
La Bourse... Ses fidèles,
Au lutrin, dans un saint respect,
Y chantent... des nouvelles.
On y prêche l'incertain,
Ses prêtres, son sacristain
Y brûlent l'ellébore,

Leur Saint-Esprit est... un canard...
Le seul Dieu qu'on adore
C'est l'aveugle Hasard.

L'existence, aujourd'hui, pour tous
Est une grande orgie;
Sans calculer, par les deux bouts
On brûle sa bougie;
Et nul ne tremble de voir
Le long des murs, quelque soir,
Apparaître au phosphore
Les mots fameux de Balthazar :
Le seul Dieu qu'on adore,
C'est l'aveugle Hasard.

L'agiotage est, trait pour trait,
Le monstre de la Crète;
Tous les matins, il lui faudrait
Une victime prête;
Son labyrinthe est obscur,
Mais nos Thésée au pied sûr
Marchent au Minotaure
Sans un bout de fil au départ :
Le seul Dieu qu'on adore
C'est l'aveugle Hasard.

La foi! Qu'est-ce donc que cela?
Tout est en politique

Ou Loterie ou Tombola ;
On entre à la boutique,
Et soldats ou généraux
Y prennent des numéros...
Blanc, rouge ou tricolore,
Qu'importe aujourd'hui l'étendard ?
Le seul Dieu qu'on adore
C'est l'aveugle Hasard.

Il est, dit-on, un restaurant
Où, comme à l'aveuglette,
Les ouvriers, de rang en rang,
S'arment d'une fourchette,
Et dans un pot la plongeant,
Y pêchent pour leur argent,
L'un, morceau qui restaure
Et l'autre, chou blanc pour sa part :
Le seul Dieu qu'on adore
C'est l'aveugle Hasard.

La Bohême a dit un matin :
« Jouir c'est notre envie,
« Au jour le jour, — charmant destin ! —
« Gaîment, vivons la vie !
« La mort nous emportera
« Dans un beau char d'opéra...
« Ou dans une inodore,

« Vers le Panthéon... ou Clamard...
« Le seul Dieu qu'on adore,
« C'est l'aveugle Hasard. »

Eteignons tout divin flambeau :
Beaux-Arts, presse, tribune ;
Du monde faisons un tombeau,
Sans lumière importune ;
Pour l'œil du hibou furtif,
Le clair de lune est trop vif ;
Fi du jour qui colore !
La nuit blesse moins le regard ;
Le seul Dieu qu'on adore,
C'est l'aveugle Hasard.

MON ELDORADO.

Turin.

Je trouve encore quelque joie
Dans la chambre où j'ai fait mon nid ;
J'ai mieux que baldaquins de soie,
Pendule en or, coupe en granit,

Mieux que tableaux, saxes, potiches,
Fauteuils dorés, bahuts poudreux,
Ces mille pauvretés des riches,
Ces mille tourments des heureux.

J'ai dans un angle ma couchette ;
Grâce au travail qui l'amollit,
Le sommeil, dès que je m'y jette,
Est mon camarade de lit.

J'ai, le long des murs, quatre chaises ;
D'autres sièges sont superflus :

Trois proscrits y prennent leurs aises...
Socrate eût-il désiré plus ?

J'ai la plus belle galerie
De portraits — pas un n'est banal,
Et pas un qui ne me sourie,
Comme, de loin, l'original ;

Là je vois toute ma famille,
Là mes amis... et dans leurs yeux
De ma conduite éclate et brille
Le contentement précieux.

Du frère que toujours je pleure
J'ai la montre ; et, matin et soir,
Cet héritage me dit l'heure
Du dévoûment et du devoir.

J'ai, pour nourrir une espérance
Compagne des plus mauvais jours,
Une belle carte de France
Dont mon doigt suit tous les contours.

J'ai quelques plumes d'où les rimes,
Comme des traits victorieux,
Partent pour venger des victimes...
Qu'auraient dû protéger les cieux.

J'ai du papier à couleur tendre
Pour le bel ange aux yeux d'azur
Qui, sur un banni, daigne étendre
Son aile et son regard si pur.

J'ai des parfums — la rose et l'ambre
De tels n'en ont pas secoués —
Qui se répandent dans ma chambre
De ses beaux cheveux dénoués.

O retraite favorisée !
Mon bonheur y semble rivé :
A deux angles de la croisée
Deux hirondelles ont couvé.

Le matin, le soleil inonde
Mon chevet de ses purs rayons ;
Je lui dis : « Eclaire, féconde
« Et rends la force aux nations ! »

Puis, dans mon oraison mentale,
Je dis : « Nuages qui passez,
« Courez vers ma terre natale,
« Vous en reviendrez moins pressés ! »

J'ai, quand la nuit étend ses voiles
Sur mon petit Eldorado,

Le scintillement des étoiles
A travers mon simple rideau;

Pour les jours de calme pensée,
J'ai de l'espace, j'ai de l'air,
Et quand mon âme est courroucée,
Au ciel je puis suivre l'éclair.

J'ai, pour couronner cet ensemble,
Sous ma fenêtre de proscrit,
Un peu de feuillage qui tremble,
Un brin de verdure qui rit.

Devant moi nul mur ne se dresse ;
Mon œil se donne libre accès
Dans un jardin dont la maîtresse
Porte — étrangère — un nom français.

Dans les arbres et sur la tige
Des fleurs aux panaches divers,
J'ai le rossignol qui voltige,
Et nous nous chantons tous nos vers.

Je vois sur la fraiche pelouse
Deux enfants prenant leurs ébats,
Et leur mère n'est point jalouse
Si je ris de leurs gais combats;

Elle veut bien que je leur parle...
Un jour, feignant un grand courroux,
Elle appela Léon et Charle...
Pour m'apprendre leur nom si doux.

Ils m'aiment et le font paraître,
Leurs sourires m'en sont garants ;
Et, Grand-Juge, de ma fenêtre
Je tranche tous leurs différends...

C'est ma joie... Elle est bien discrète !
Mais de beaux jours semblent promis
A mes vœux, quand de ma chambrette
Je vois mes deux petits amis.

Au temps malheureux où nous sommes,
Quand les méchants sont triomphants,
Ceux qui désespèrent des hommes
Mettent leur foi dans les enfants.

LES DEUX MUSES.

Réponse à un sonnet de madame Mancini, auteur d'Inès de Castro tragédie, et d'un grand nombre de poésies politiques d'un grand mérite.

(H)

Turin.

Comme si l'art n'était qu'une chose futile
Et le poète un simple amuseur de badauds,
Jadis on fit la muse une beauté stérile
Dont le sein repoussait les maternels fardeaux.

On lui faisait cueillir dans sa course frivole,
L'anémone, le lis, des gerbes de bouquets;
On lui faisait chasser le papillon qui vole;
Elle présidait même aux féminins caquets.

Bien loin de se montrer honteuse et désolée,
A Rome, elle sourit sous un vert oranger,
Quand Horace, surpris dans l'ardente mêlée,
Jeta son bouclier pour s'enfuir plus léger.

Aima-t-elle à chanter l'infortune subie
Par Gracchus ou Caton? Dit-elle leurs douleurs?...
Fort peu... mais elle allait sur l'oiseau de Lesbie
Verser avec amour des parfums et des pleurs.

Même en Grèce où sa voix aux plus futiles choses
A prêté tant de charme, on la vit rarement
Quitter d'Anacréon les coupes et les roses,
Pour donner à Tyrtée un chaud embrassement.

Des grands exils ses yeux n'y furent point humides,
Alors qu'elle pleurait tous les vers de Sapho;
Et laissant Anitus au fouet des Euménides,
A Socrate mourant sa lyre fit défaut.

Aussi Platon voulait que de sa République
La muse fût bannie... Une mâle fierté
Lui faisait repousser — dans un sens symbolique —
Toute inutile voix, toute infécondité.

Mais l'art change de but quand le monde progresse:
La muse transformée, à mon œil enchanté
S'est montrée... et jamais ni Rome ni la Grèce
Ne lui virent au front autant de majesté.

C'est qu'elle est devenue une femme féconde,
Aux grâces, aux vertus donnant de chastes sœurs,

Et dans son noble sein que le civisme inonde,
Pour la patrie en deuil créant des défenseurs.

Digne épouse, on la voit, partageant la couronne
D'un époux exilé, vaillante sans orgueil,
Dans son simple foyer gracieuse matrone,
Réglant, gouvernant tout et du geste et de l'œil.

Muse des temps nouveaux, toute terre baignée
Par un sang généreux est son sacré vallon;
Et le Dieu du progrès qui porte la cognée
A côté du compas, voilà son Apollon.

Sa parole est limpide et son âme sans feinte;
Pour elle l'art des vers n'est point l'art de mentir;
Entre ses mains la lyre est une chose sainte
Que pour les grands devoirs elle fait retentir.

Des despotes ligués quand sa verve laboure
Le visage et le cœur au milieu des bannis
Qu'elle enflamme, je songe à la grande pastoure
Criant: « Sus aux Anglais ! Montjoie et Saint-Denis ! »

Et quand elle a frappé d'une rime sanglante
Le front trop respecté du crime triomphant,
Echappant aux bravos, elle s'en va, tremblante,
Veiller sur le berceau de son dernier enfant.

Et Platon, dont la peur se fût évanouie,
Chez son peuple idéal (lui qui dans la beauté
Voyait de la bonté la fleur épanouie),
A notre muse aurait donné droit de cité.

SONNET.

Turin.

A l'œuvre on peut toujours deviner l'ouvrier :
Scarron est contrefait, son crayon parodie ;
Tout le fiel de Byron est dans son encrier;
Et les chansons d'Horace ont sa panse arrondie ;

En écoutant Racine, on ne peut oublier
Qu'à plaire à Champmêlé sa muse s'étudie;
Corneille l'avocat semble nous convier,
Avec ses fiers Romains, aux plaids de Normandie ;

Hamlet dont un brouillard enveloppe l'esprit,
C'est Shakespeare qu'à Londre un ciel gris assombrit;
Molière c'est Alceste et Béjard Célimène ;

On sent que Caldéron au cloître a tout écrit;
Et Dante porte au cœur les tourments du proscrit
Quand parmi les damnés il marche et nous promène.

LE VIEILLARD MODESTE.

AIR NOUVEAU.

Lucerne.

I.

— Est-il réel ou chimérique,
Vieillard, qu'un pays fort et beau,
Par un traitement empirique,
Soit conduit tout droit au tombeau ;
Que nul régime qu'on connaisse
Ne l'arrêterait en chemin ?

LE VIEILLARD.

Interrogez cette jeunesse
Qui sera la France demain.

II.

— Vieillard, crois-tu qu'on éternise
Ce que l'autre siècle emporta,

Ces cadavres qu'on galvanise
Avec la pile de Volta:
Majorats, duchés, droits d'aînesse,
Vieux abus sur vieux parchemin?...

LE VIEILLARD.

Interrogez cette jeunesse
Qui sera la France demain.

III.

— Est-il vrai que les eaux bénites,
Vieillard, vont voir baisser leur cours;
Qu'aux soutanes pleines de mites
Pas un grand cœur n'aura recours;
Que nul, soit qu'on meure ou qu'on naisse,
N'emploira cantique romain?

LE VIEILLARD.

Interrogez cette jeunesse
Qui sera la France demain.

IV.

— Nous voyons régner en ce monde
Les valets et les tripoteurs,

Et pourtant le progrès féconde
Villes, hameaux, plaines, hauteurs;
La récolte promet; mais n'est-ce
Que pour Macaire et pour Jasmin?

LE VIEILLARD.

Interrogez cette jeunesse
Qui sera la France demain.

V.

— Le peuple, à bout de patience,
Peut tout passer sous son niveau;
Il faudra courage et science
Pour bâtir le monde nouveau.
Dis-nous, sans user de finesse,
Si, d'avance, on s'y fait la main?...

LE VIEILLARD.

Interrogez cette jeunesse
Qui sera la France demain.

VI.

— Quand la musique se prépare,
Au lieu de toujours s'abstenir,

Faut-il que la femme se pare
Pour le grand bal de l'avenir?
Faut-il qu'elle en soit patronesse,
Pour le bonheur du genre humain?

LE VIEILLARD.

Interrogez cette jeunesse
Qui sera la France demain?

VII.

LE VIEILLARD.

Que l'amitié, comme un doux lierre,
Couvre mon corps qui devient froid;
Au temple j'ai porté ma pierre,
A l'amour j'ai payé mon droit;
Devant mon bol de lait d'ânesse
Quand passent fillette et gamin,
Je me dis : « Heureuse jeunesse!
« Tu seras la France demain! »

LA FILLE DU PROSCRIT.

A Mademoiselle Des Etivaux

Lucerne.

De mon père quand je partage
Le long exil,
Quelque chagrin sur mon visage
Se lirait-il?

Cher proscrit! parfois je l'égaie,
Mais c'est en vain ;
Son cœur sent toujours qu'une plaie
Ronge mon sein.

Il croit, quand mon âme oppressée
Couve un secret,
Que de sa fortune passée
J'ai le regret.

De chaque pays où nous jette
Le sort jaloux,

Il voudrait placer sur ma tête
Tous les bijoux ;

Et, dans sa paternelle joie,
M'offrir toujours
Robes, châles, manteaux de soie,
Souvent bien lourds !

Présumant que je les souhaite,
Son cœur se fend,
Car il ne peut en faire emplette
Pour son enfant ;

Et moi qui crains, quoique je fasse,
De l'attrister,
Devant les magasins je passe
Sans m'arrêter.

Ce que je veux, je dois d'un voile
Le lui cacher,
Car il ne peut — lointaine étoile —
L'aller chercher.

Tout ce qu'en voyageant nous vîmes,
N'est rien auprès ;
Pour cet objet des plus intimes,
Je donnerais :

Ces tissus qu'à Londre on admire,
Si bien ourdis,
Et que fabrique Cachemire
Pour les ladys;

Ces chaînes dont on se harnache,
Ces bracelets
Qu'aux bras de son épouse attache
Tout bon Anglais;

Les guipures et les dentelles,
Voiles légers
Qu'au poids de l'or livre Bruxelles
Aux étrangers;

Et ces deux métalliques lames
Des bons Frisons
Qui tiennent les tempes des femmes
Dans deux prisons;

Puis des Suissesses les costumes
Si scintillants,
De leur sol et de leurs coutumes
Reflets brillants;

De Vaud, dont Rousseau plein d'ivresse
Fit un Lignon,

Le large chapeau qui se dresse
En champignon ;

Des femmes de Fribourg, voilées
D'un parasol,
Les longues robes étoilées
Frôlant le sol ;

De Lucerne les collerettes
Aux mille plis ;
De Schwytz, les casques à deux crêtes,
De fleurs remplis ;

Les brillants écrins de Genève,
Charmants joujoux
Qui des femmes sont le doux rêve...
Avant l'époux ;

D'Appenzell, aux filles si belles
Même en haillons,
Les coiffures s'ouvrant en ailes
De papillons ;

De Stanz l'épingle en fer de lance
Aux beaux rubis,
Et la chaîne qui se balance
Sur les habits ;

D'Interlaken la jupe faite
Pour l'Opéra;
Les montres descendant du faîte
Du Mont Jura;

D'Argovie où le serf travaille
Triste, accroupi,
Les chapeaux dont il a la paille
Et non l'épi.

Le corset où le sein s'enchâsse
Dans le velours,
A Berne où tout a de la grâce...
Même les ours.

J'ai vu, plus tard, en Italie,
Sans y tenir,
Mille trésors auxquels se lie
Un souvenir:

Ces verres aux couleurs si vives,
Charmant cadeau
Que la mer semble faire aux rives
Du frais Lido;

Ces tours d'épingles miroitantes
Qui, dans Verceil,

Rendent les têtes éclatantes
Comme un soleil ;

Ces chefs-d'œuvre des mosaïstes,
Jeux florentins
Où tant d'yeux d'ouvriers-artistes
Se sont éteints ;

Ces bagues, à Rome exhumées,
Objets sacrés,
Et de Naples ces beaux camées
D'or encerclés.

Pour l'ardent souhait de mes veilles,
Trop éloigné,
En Espagne aux mille merveilles,
J'ai dédaigné :

Des Andalouses les longs peignes
Pleins de fierté,
Le voile noir des Madrilègnes
Si bien porté ;

Et la résille et l'espardille
Aux rubans verts,
Que font rimer avec mantille
Les méchants vers ;

La mandoline d'où s'échappe
Un air douteux
Et la castagnette qui frappe
Deux sons boiteux,

Mais qui font dans chaque demeure
Chanter, danser,
Et des repas dévorer l'heure,
Sans y penser.

Pauvre proscrit! Ton cœur t'abuse
Dans tous tes vœux;
C'est l'absence qui me refuse
Ce que je veux:

Produits des arts, des industries,
Inventions
Qu'échangent les coquetteries
Des nations:

Je donnerais toutes ces choses
Sans nul souci,
Pour un bouquet de fleurs écloses
Bien loin d'ici...

Surtout pour la rose éphémère
Qui me sourit,
Quand sur la tombe de ma mère
Elle fleurit.

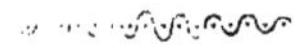

DEUX JEUNES FILLES.

Lucerne.

Dans la grande Cité deux filles étaient nées,
Voisines de logis, au même instant du jour;
De ces anges du ciel les mères fortunées
Avaient couvert le front d'un long baiser d'amour.

En un riche berceau l'une était balancée,
Le doux satin flottait sur elle à triple rang;
L'autre, tout bonnement par son père bercée,
N'avait qu'un lin grossier sur son corps rose et blanc.

Puissent ces deux enfants, comme deux sœurs jumelles,
Dans les sentiers du monde ensemble s'avancer!
Puisse un ange gardien, en déployant ses ailes,
Sous un dais de bonheur constamment les placer!

Le siècle pourrait-il — coupable différence —
Jeter la joie à l'une, à l'autre les douleurs,

Alors que du soleil tombent sans préférence
Les bienfaisants rayons sur deux petites fleurs.

Hélas! seize ans après, un hôtel est en fête;
A deux tendres époux des toasts y sont portés;
De la maison en face allez jusques au faite:
Une mansarde est là... l'on y pleure... écoutez...

« Ma fille, tu veux que j'apaise
« Et mes sanglots et mes clameurs;
« Tu veux que ta mère se taise;
« Lorsque c'est de faim que tu meurs!

« De faim!... et ta bouche me prie
« De ne pas maudire le sort,
« Quand ton estomac souffre et crie,
« Quand le râle brûlant en sort!...

« Au fait, pourquoi des plaintes vaines?
« Toi que je portai dans mon flanc,
« Attends, je vais m'ouvrir les veines...
« A défaut de lait, bois mon sang...

« Tu te détournes et tu pleures,
« Mes cris te causent de l'effroi;
« Mais je ne veux pas que tu meures!..
« Dois-je donc te survivre, moi?

« Ma coupe serait trop amère
« Quoi ! les jeunes avant les vieux !...
« Comme j'ai clos ceux de ma mère,
« C'est toi qui dois fermer mes yeux.

« Eh ! pourquoi t'ai-je donné l'être !...
« Je maudis mon amour charnel.
« Etais-je faite pour connaître
« Le pur sentiment maternel ?

« Je dis — et ce n'est pas démence —
« Dieu qui permet la pauvreté
« Devrait au moins dans sa clémence
« La frapper de stérilité.

« C'est beau, c'est doux, c'est plein de charmes
« Un ange à soi que l'on nourrit ;
« Mais, baigné de brûlantes larmes,
« Goutte par goutte il dépérit.

« Combien de fois la mort cruelle
« Sur un innocent se pencha
« Pendant qu'il suçait la mamelle
« Que la misère dessécha !

« Que de fois sa main froide tombe,
« Comme la serre du vautour,

« Sur la gracieuse colombe,
« Dans son premier rêve d'amour!

« Pourquoi ces aveugles colères !
« Les bûcherons bien mieux guidés
« Frappent les arbres séculaires,
« Et les rejetons sont gardés!

« La faucheuse t'abat, ma fille,
« Petite fleur à l'œil d'azur,
« Alors que l'ardente faucille
« Devrait couper seul l'épi mûr...

« Entends-tu la foule qui crie ?...
« Du gros banquier, là, devant nous,
« C'est la fille qui se marie...
« Elle rentre avec son époux.

« Mais sa dentelle qu'on admire,
« Je l'ai faite au milieu des pleurs;
« Ton père fit son cachemire,
« De son bouquet tu fis les fleurs.

« Eh bien ! équité souveraine !
« Mes doigts s'y sont paralysés,
« Ton père y mourut à la peine,
« Tes seize ans s'y sont épuisés.

« Sous les coups du sang qui s'élance,
« O mon pauvre cœur, tu te fends,
« Quand je vois à quelle balance
« Le destin pèse nos enfants !

« De ta chambre ton œil avide
« Sonde jusqu'aux recoins obscurs...
« Oh ! ne cherche pas, tout est vide;
« Rien, plus rien que les quatre murs !

« Nos meubles, le marchand rapace,
« Jusqu'au lit, a tout acheté;
« Le linge est dans l'affreux impasse
« Qu'on nomme Mont-de-Piété...

« Où veux-tu maintenant que j'aille?
« Rien pour la vente ou pour le prêt...
« Nous n'avons plus qu'un peu de paille...
« Sous la toile qui la couvrait !

« J'ai vendu le haillon de laine
« Qui voilait ton corps torturé;
« Aussi n'ai-je que mon haleine
« Pour réchauffer ton corps givré ;

« J'ai porté dans le noir repaire
« L'anneau par le travail usé,

« Unique cadeau de ton père
« Qui, plus vite encor, s'est brisé;

« Tout est parti : ta robe blanche,
« Ton madras, objet de tes vœux,
« Jusqu'au miroir où, le dimanche,
« Tu lissais tes jolis cheveux...

« Mais j'entends de sublimes harpes...
« Les anges sont-ils descendus
« Pour t'enlever dans leurs écharpes
« Vers les cieux qui te sont bien dûs?...

« Non, non, ils n'ont rien de céleste
« Ces sons rapides et joyeux;
« Cette musique vive et leste,
« C'est celle d'un bal furieux;

« C'est la noce... elle court et roule
« Oui, là, derrière leurs rideaux,
« Tiens, je vois se presser la foule,
« Autour de somptueux plateaux.

« Heureuse épouse... tiens... regarde
« Cette enfant, trésor de douceur;
« Jette un morceau dans sa mansarde ..
« Devant Dieu ma fille est ta sœur;

« A la même heure vous naquîtes...
« Il faut, dans tes heureux destins,
« Que de tes devoirs tu t'acquittes
« Par les miettes de tes festins.

« Songez donc, heureux de la terre,
« Que chaque goutte de liqueur
« Que vous laissez au fond d'un verre
« Réchaufferait un pauvre cœur.

« On dit que nos plaintes vous blessent.
« Mais vos restes, quand vient la fin
« De vos repas, vos chiens en laissent,
« Et vos frères meurent de faim!...

« Mais que vois-je ?... Une étoile blanche
« Traverse l'espace et s'enfuit...
« Ma fille... Ah ! sa tête se penche...
« De son râle a cessé le bruit ! »

Et, près d'un lit doré, d'une vierge timide
Quand les voiles tombaient sous la main d'un époux,
D'une autre vierge, hélas ! sur un grabat humide
Gisait le corps, auprès d'une mère à genoux.

LES SEPT PLAIES DE L'EXIL.

Genève.

Il est pour le Proscrit, aventureux Bohême,
Une plaie à guérir qui le livre en chemin
Au premier cœur de femme où son œil lit: « Je t'aime! »
A l'ami de hasard qui tend vers lui la main,
Au foyer de rencontre où, jetant sa besace
Dont le poids le fatigue, il entre étourdiment,
Quand le maître lui dit: « Viens ici prendre place: »
Cette plaie est l'Isolement.

Je vois à ses côtés, non moins grave et profonde,
Une autre plaie encor. Par son virus glacé
La plus riche nature est rendue inféconde,
Le plus subtil esprit est bien vite émoussé;
Tel le Taret détruit de la poupe à la proue
Un bateau dans le port trop longtemps arrêté;
Telle la rouille ronge au repos une roue:
Cette plaie est l'Oisiveté.

Et cette vertu, (vice alors qu'on l'exagère),
Qui fausse du banni l'instinct républicain,
Lui faisant voir l'enfant d'une terre étrangère
De l'œil dont le colon regarde l'Africain ;
Qui refuse aux pays, généreux champs d'asile,
Fruits sucrés, fraîches fleurs au parfum matinal,
Oiseaux chanteurs, air pur, ciel bleu, terre fertile :
J'ai dit l'ORGUEIL NATIONAL.

Le fameux Gibelin, dans ses jours d'infortune
Gémit d'une autre plaie... Et nous tous, comme lui,
N'en ressentons-nous pas la douleur peu commune,
Quand il nous faut *monter à l'escalier d'autrui ?*
Le pain de l'étranger fut bien amer à Dante !
Quatre siècles après, même déception...
A nos fronts de proscrits, comme une lèpre ardente
Saigne l'HUMILIATION.

Et toi, quel est ton nom ?... parle, plaie incurable ?...
— « Jour par jour, je m'attache aux vaillants, aux plus forts ;
« Hier leurs muscles étaient vigoureux comme un cable,
« J'en ai fait une étoupe incapable d'efforts.
« J'abats un homme avant qu'il ait fini son rôle ;
« Danton dut me maudire à son dernier moment,
« Mais j'avais étouffé son tonnerre-parole :
« Je suis le DÉCOURAGEMENT. »

Les Bannis ont encor pour plaie une furie
A l'œil fauve, toujours tourné vers le passé,
Fouillant dans les vieux bruits, chiffonnière industrie,
Puis, triant son butin aux égouts ramassé;
Elle qui n'a rien fait, dans son lâche repaire,
Retranchant son faux zèle et son inaction,
Elle jette aux actifs son venin de vipère:
C'est la Récrimination.

Là bas, voyez cet homme... en Spartacus il pose,
Par les fers de Cayenne il dit ses bras meurtris;
Aux banquets il pérore, aux cafés il expose
Des plans de délivrance en son cerveau mûris.
Les moyens sont certains, la route il vous la fraie,
Il nomme lâcheté toute saine lenteur...
Du triste exil craignez cette septième plaie,
Fuyez l'Agent provocateur.

DIALOGUE.

Annecy.

— Tu voyages beaucoup — On m'y force souvent.
Le vent souffle sur moi, je dois céder au vent.
— Comme tu dis cela? — C'est que cela m'attriste.
— Mais tu vois des pays — En proscrit — En touriste,
C'est tout un — Tu confonds, ô trop léger esprit,
Le destin du touriste et celui du proscrit.
Le sort aventureux de l'oiseau sur la branche
Voltigeant au hasard d'une aîle libre et franche,
C'est l'inconstant désir, l'élan capricieux
Du touriste, changeant d'air, de terre, de cieux.
La lutte de l'oiseau brisé par la tempête
Qu'un vent pousse du Nord, qu'un vent du Sud rejette
Sur des flots irrités, sans limite, inconnus,
Ayant pour tous relais quelques rochers tout nus,
C'est le tourment de l'homme, Ahaswer de notre âge,
Que la Proscription pousse de plage en plage.

LES MARGUERITES.

LÉGENDE ROUSSILLONNAISE.

Chambéry.

I.

Tendres marguerites des champs,
De toutes les fleurs que l'on cueille,
Vos attraits sont les plus touchants,
Et c'est vous seules qu'on effeuille !

Roses, quand vous vous balancez,
Gracieuses, sur votre tige,
Près des bosquets où vous croissez
Votre odeur donne un doux vertige ;
Vous vous fanez avec lenteur ;
Et de vos feuilles qu'on exprime
S'échappe une eau dont la senteur
Garde votre parfum sublime.

Tendres marguerites des champs, etc.

Belles tulipes des jardins,
Vous avez le port d'une reine;
Malgré vos superbes dédains
Votre beauté séduit, entraîne;
Puis, quand un soir froid et brumeux
Penche votre front et vous glace,
Dans les herbiers les plus fameux
Vous prenez la meilleure place.

Tendres marguerites des champs, etc.

Dans les bois voyez se cacher
La violette à l'air timide;
C'est pour qu'on aille la chercher
Sous l'herbe de rosée humide;
En se tenant seule, à l'écart,
Eclate sa coquetterie;
Mais vous, c'est sans voile et sans art
Que vous émaillez la prairie.

Tendres marguerites des champs, etc,

Jamais votre front virginal
Ne se montre au milieu des fêtes,
Quand vos sœurs, aux bouquets de bal
Prêtent leurs corolles coquettes;
Leurs couleurs ont beau se ternir
Dans ces bals dont le feu dévore;

Plus d'un jour, comme un souvenir,
Elles y survivent encore.

Tendres marguerites des champs, etc.

N'allez pas vous enorgueillir
Si quelqu'un dont le cœur palpite,
Se baisse, hélas ! pour vous cueillir;
C'est une épreuve qu'il médite:
Vous servez aux tendres essais,
Sur vos pétales on s'exerce;
Et, qu'on perde ou non son procès,
En vingt lambeaux on vous disperse.

Tendres marguerites des champs, etc.

II.

Ainsi chantait le long du bois
Marguerite la pastourelle;
Et, guidé par sa douce voix,
Un beau page accourut près d'elle.
« Belle enfant, » dit le séducteur,
« De te voir j'ai l'âme ravie;
« A mon âge on n'est pas menteur...
« Je t'aimerai toute la vie... ! »

Le fripon s'était fait bannir
D'un castel où sa folle ivresse
A dix beautés osait tenir
Propos d'amoureuse tendresse;
Mais, sachant leur cœur ombrageux,
Il veut piquer leur jalousie;
Et pour le plus cruel des jeux
La pastourelle fut choisie.

Près du Castel où, dans l'ennui
Chaque noble dame est plongée,
Le trompeur l'amène... et par lui
Marguerite est interrogée.
Elle se livre imprudemment...
(Quelle autre est prudente à son âge?)
Et répond: « *Passionnément!* »
Aux questions du jeune page.

Des tourrelles du vieux manoir,
Dans le pré vert qui l'environne,
Les chatelaines ont pu voir
De l'enfant tomber la couronne...
Le page alors rentre en vainqueur
Près d'elles, sans que rien l'émeuve,
En déchirant le jeune cœur
Qui servit à sa dure épreuve.

Peu de jours après, chevauchait,
Au milieu de dix damoiselles,
Le beau page qui se penchait,
Coquetant vers chacune d'elles...
Tout-à-coup un pauvre cercueil
Passe devant leurs haquenées...
On voyait sur le drap du deuil
Quelques marguerites fanées...

Tendres marguerites des champs,
De toutes les fleurs que l'on cueille,
Vos attraits sont les plus touchants,
Et c'est vous seules qu'on effeuille !

LES FEMMES DE L'EXIL.

A Mme GUITER.

Chambéry.

Si de palmes bien légitimes,
Vaillants et chers proscrits, j'ai décoré vos mains,
J'en dois plus aux femmes sublimes
Qui, de l'exil, pour vous, ont battu les chemins.

Comme un joaillier qui se penche
Pour reconnaître avec un soin minutieux
Combien vaut chaque perle blanche,
Je veux marquer le prix des larmes de leurs yeux;

Car, dans leurs terreurs journalières,
Devant un avenir à leurs regards obscur,
J'ai vu, sous leurs chaudes paupières,
Perler bien des yeux noirs et bien des yeux d'azur...

J'admire fermes à leur poste,
Ces colombes d'amour qui, volontairement,

Vinrent s'offrir en holocauste,
En ayant un seul mot dans le cœur «dévouement!»

Des partis les ardentes fièvres
Ont rarement brûlé leur sang artériel;
Cependant, hélas! pour leurs lèvres
La coupe où nous buvons leur garde plus de fiel.

L'homme sait arranger sa vie
Selon tous les pays et selon leur esprit;
La femme à son foyer ravie,
Aux mœurs des étrangers se heurte et se meurtrit.

L'homme n'a pas, comme la femme,
A subir d'heure en heure, en leurs communs malheurs,
Certaines épreuves de l'âme
Qui de l'exil, pour elle, augmentent les douleurs:

Ici c'est la chère habitude
D'un soin intérieur, d'un détail usager;
Là c'est la sombre inquiétude,
Préoccupation du boire et du manger.

« Demain des lois que l'on redoute
« A des exils lointains peuvent nous condamner, »
Dit-elle... « Aux bornes de la route
« Notre dernier argent va-t-il donc s'égrener?...

« Demain aurai-je pour leur bouche
« Du pain? » dit-elle encore en berçant ses enfants;
Et sur sa rude et triste couche
Descendent chaque nuit des rêves étouffants.

Oui, comme épouse et comme mère,
Ne voyant rien briller aux profonds horizons,
Elle craint voyage et misère,
Cette pluie et ce froid de toutes les saisons.

Nobles femmes qu'on croit légères!
Quand la piété sainte à nous les réunit,
Rien sur des terres étrangères
Ne peut les décider à rebâtir leur nid.

Du culte grossier des fétiches
Je ne leur porte pas l'encens vil ou moqueur;
Mais je les vois, pauvres et riches,
Dans leur commun élan, s'inspirer d'un seul cœur.

Chacune, au retour incitée,
Rêve son beau domaine... ou son champ de maïs,
Car leur belle âme est aimantée,
Plus que la nôtre encor, par l'amour du pays.

Pourtant ces fidèles compagnes
Affrontèrent pour nous fatigues et trépas;

Vaste océan, hautes montagnes,
Rien n'effraya leurs yeux, rien n'arrêta leurs pas.

Filles d'Ève, au serpent rebelles,
Sirènes abdiquant leur vieille mission,
A notre oreille aucune d'elles
N'a glissé lentement le mot *soumission !*

Arbrisseaux à la douce écorce,
Plus d'un cœur sous leur ombre à nous s'est converti ;
Sans cesser d'en être une force,
Elles sont en tous lieux la grâce du parti.

Telle l'on voit la violette,
Des rêves douloureux chaste et modeste fleur,
Parfumer le sein qui lui prête
Son bienfaisant asile et sa douce chaleur;

Telle, au milieu de sa souffrance,
La femme du proscrit, fleur suave d'amour,
Répand un parfum de la France
Sur le sol qui lui fut hospitalier un jour.

Trois fois honneur à ces vaillantes !
Respect à ces vertus qui nous font estimer !
Gloire à ces étoiles brillantes !
Amour à ces cœurs d'or qui nous ont fait aimer !

ÉPITHALAME

POUR LE MARIAGE

DU COLONEL CHARRAS ET DE MADEMOISELLE MATHILDE KESTNER.

Zurich.

Sombres jours de l'exil, hiver de la pensée,
Pèserez-vous longtemps sur notre âme oppressée?
Ne verrons-nous jamais que nuages plombés?
Sous des horizons bas qui font les fronts courbés,
La sève de nos cœurs sera-t-elle tarie?
Mourrons-nous donc les bras tendus vers la Patrie?

Non : conservons la foi; les faibles seulement
Laissent aller leur âme au découragement...
Non, la France, bientôt, cette grande effrayée,
Remise de ses peurs, de sa honte ennuyée
Comme des libertés elle le fut parfois,
Brisera ses liens... et retrouvant la voix,
Nous redirons, sans craindre une ironie amère:
« Place! place au soleil! La France est notre mère! »

Ah ! depuis que l'exil est venu me saisir,
J'ai chanté la douleur bien plus que le plaisir;
J'ai pleuré mon pays qui n'a que des sarcasmes
Pour les beaux dévoûments, les saints enthousiasmes;
Dans mon amour sévère et loyal, j'ai fait voir
L'ouvrier... qui savait... rebelle au grand devoir;
Le naïf paysan, malade d'ignorance
Et se berçant encor d'une belle espérance;
J'ai montré, par l'appât des primes alléchés,
Notaires et marchands sur un gouffre penchés;
L'agio commandant au camp de l'industrie;
L'éloquence du jour, dans toute plaidoïrie,
Amenant le scandale au pied des tribunaux;
Le chantage doublant le format des journaux;
Le confessional auprès de la guérite,
L'un l'autre se passant la poudre et l'eau bénite;
Le mauvais ton battant en brêche le bon goût;
Le théâtre-sentine, et le roman-égoût;
Tous les gras émargeurs sur complaisants registres;
Du Dieu des pauvres gens les opulents ministres;
Ce faux savant, au dos fait pour mon coudrier,
Qui de ses hontes dresse un long calendrier
Le seul que l'on connaisse en son observatoire;
L'écrivain qui de boue emplit son écritoire
Tout fier du vil métier où ses doigts sont rompus;
Ces sculpteurs à repaître et ces peintres repus,
Polluant les beaux-arts de leurs mains sacriléges;
Les vices brévetés, les vols par priviléges;

Le bourgeois succombant sous un luxe effrené,
Sa femme en crinoline outrepassait Phryné,
Leur fils portant au front sa jeunesse effeuillée,
Leur fille, par l'exemple, en tout temps conseillée,
Etouffant les élans naturels de son cœur
Et n'ayant pour l'amour qu'un sourire moqueur.
Toques, robes, plumets, rochets, fracs, souquenilles,
Neuf ans j'ai secoué ces ignobles guenilles,
Et les hontes, hélas! en tombaient sur mon cœur
Comme les durs grêlons sur une vigne en fleur.
Au couplet j'ai parfois redemandé ses charmes,
Et mon triste Momus finissait dans les larmes
Ce que dans un sourire il avait commencé.
Mais l'espoir, comme un baume en mon cœur s'est glissé.

Oh! nous avons tiré — confiante phalange!
Sur l'insurrection trop de lettres de change;
C'est vrai... Mais aujourd'hui je sens venir les temps.
Le soleil nous rendra ses rayons éclatants;
Un bon vent roulera, comme on roule une toile,
Ce lourd et froid rideau de vapeur qui le voile.
Aussi vais-je enlever son long habit de deuil
A mon Epithalame; et, reportant mon œil
Sur l'astre fortuné qui de nos cieux s'approche,
J'ose avouer que j'ai quelques couplets en poche...
Mais avant d'emboucher mes antiques pipeaux,
Ecoutez une histoire... Elle a son à-propos.

Jadis un brave cœur, d'Aubigné, dont l'épée
Comme la plume allait à la grande épopée,
Banni de son pays, dans son exil trouva
La veuve d'un proscrit... Au bonheur il rêva;
Et de Burlamachi la compagne isolée,
(Rénée était son nom), fut par lui consolée.
D'Aubigné croit près d'elle avoir trouvé le port.
Mais un arrêt survient qui le condamne à mort.
A Genève arriva la fatale sentence.
Placer dans les présents de noce une potence,
C'était peu !.. Du joyau portant timbre royal,
Effrayé, le soldat, dans un élan loyal,
Court rendre sa parole à sa chère Rénée.
Mais elle, d'un rayon d'amour pur couronnée,
Répond : « L'homme ici-bas ne séparera point
« Ce qu'au sein de sa foi le Seigneur a conjoint. »
Au brave d'Aubigné tendant sa main fidèle :
« Dirigeons-nous tous deux vers le temple, » dit-elle.
Héroïne! écrivit d'Aubigné transporté
Qui consigna ce trait pour la postérité.

Comparons maintenant, sans nier le mérite.
Ainsi que d'Aubigné, Rénée était proscrite...
Le rôle de Mathilde est plus beau... Tout la tient
Enchaînée au pays natal... mais elle vient,
Du milieu des bonheurs de sa chère famille,
Secouant ses liens dorés, la forte fille,
Tendre une main céleste à notre d'Aubigné
Et lui porter un cœur à l'exil résigné;

Imitant noblement la généreuse abeille
Qui, s'élançant du sein d'une riche corbeille
De merveilleuses fleurs que parfuma le ciel,
S'enferme en une ruche et distille son miel.

Du temps de d'Aubigné, dans l'antique Genève.
Sous la loi de Calvin la gaîté fut un rêve;
Et de Zurich aussi qui nous voit réunis,
Les rires par la loi de Zwingle étaient bannis.
Mais nous qui pratiquons des cultes moins sévères,
N'oublions pas les *us* des bons Gaulois, nos pères
Et réveillons l'écho de leurs vieilles leçons
Qui disent que tout doit finir par des chansons.

Air : *Bon voyage, etc.*

Bon voyage,
Amants-époux
Qui du bonheur allez toucher la plage;
Au rivage
Nous restons tous,
Mais tous nos cœurs s'embarquent avec vous.

Quel beau vaisseau! tout l'équipage acclame
La République... Il a nom *Le Progrès*,
Au haut des mâts brille la rouge flamme,
Et les amours nichent dans ses agrès.

Bon voyage,
Amants-époux
Qui du bonheur allez toucher la plage;
Au rivage
Nous restons tous,
Mais tous nos cœurs s'embarquent avec vous.

Plus d'un vous dit: « Restez, le temps menace,
« L'Océan gronde et le ciel est tout noir. »
Répondez-leur: « L'ouragan qui vous glace
« N'a pas éteint les phares de l'espoir. »
Bon voyage,
Amants-époux,
Qui du bonheur allez toucher la plage;
Au rivage
Nous restons tous,
Mais tous nos cœurs s'embarquent avec vous.

Vous croiserez dans votre traversée
Bien des proscrits... Dites-leur: « Braves gens,
« Des bords lointains n'ayez pas la pensée;
« Comme les flots les exils sont changeants. »
Bon voyage,
Amants-époux
Qui du bonheur allez toucher la plage;
Au rivage
Nous restons tous,
Mais tous nos cœurs s'embarquent avec vous.

Et toi qui viens, en robe nuptiale,
Des vents d'exil braver le tourbillon,
Va, ce n'est pas dans la mer glaciale
Que l'on verra flotter ton pavillon.
Bon voyage,
Amants-époux
Qui du bonheur allez toucher la plage;
Au rivage
Nous restons tous,
Mais tous nos cœurs s'embarquent avec vous.

Lorsque la peur courbe, hélas! tant de têtes,
De tes parents que le nom soit béni,
Pour t'avoir dit: Vole au cap des tempêtes,
Donne ton souffle aux voiles d'un banni.
Bon voyage,
Amants-époux
Qui du bonheur allez toucher la plage;
Au rivage
Nous restons tous,
Mais tous nos cœurs s'embarquent avec vous.

Et vous, partis de sa chère montagne,
Pour embrasser un frère, votre orgueil,
Dites tous deux en voyant sa compagne,
Bonne boussole où s'attache son œil:

Bon voyage,
Amants-époux
Qui du bonheur allez toucher la plage;
Au rivage
Nous restons tous,
Mais tous nos cœurs s'embarquent avec vous.

Toi, Charras, songe au compagnon qui t'aime.
Ensemble, alors que nul ne sommeillait,
N'avons-nous pas reçu le grand baptême
Du citoyen, sous le plomb de Juillet?
Bon voyage,
Amants-époux
Qui du bonheur allez toucher la plage;
Au rivage
Nous restons tous,
Mais tous nos cœurs s'embarquent avec vous.

Ils vont partir... Nous, sans craindre un naufrage,
Formons le vœu, quand ils bravent le flot,
Que l'an prochain, leur heureux équipage
Soit augmenté d'un petit matelot.
Bon voyage,
Amants-époux
Qui du bonheur allez toucher la plage;
Au rivage
Nous restons tous,
Mais tous nos cœurs s'embarquent avec vous.

PERMIS A NOUS.

Lucerne.

Dans la ville où le Pô tend ses bras à la Doire,
Ville dont l'exilé gardera la mémoire,
En plein cercle, une femme au ravissant parler,
Sur la France, un beau soir, daigna m'interpeller,
Et moi, loin d'entonner un hymne pindarique,
Je dis qu'elle abdiquait son beau rôle historique
Je rappelai Shakespeare écrivant qu'en tout lieu
Elle était et le glaive et le soldat de Dieu ;
Milton qui proclamait, ô Liberté puissante!
Qu'à ton nom seul toujours elle était bondissante;
Et de Maistre traçant cette ligne de miel :
« C'est le plus beau royaume après celui du ciel. »
J'ajoutai qu'oubliant ses gloires séculaires,
Elle laissait rouiller ses armes populaires,
Que le vent n'était plus chez elle au dévoûment;
Que ses fils les plus fiers, pris d'engourdissement,
Des prudences vantaient la grande politique,
Et, Talleyrands nouveaux, la mettaient en pratique.

En voyant dans des pleurs mon dépit s'épancher,
Un poète se lève... Il aurait dû chercher
A calmer un transport que mon malheur excuse;
Mais non... comme il ne va nulle part sans sa muse,
Il tousse... et saisissant l'occasion aux crins,
Il lance à mon pays ses foudres en quatrains;

« — La France a trop joui d'une gloire usurpée!
« L'effort dût-il être brutal,
« Il faut faire cesser tous ses chants d'épopée
« Et renverser son piédestal.

« On a pu dire un jour : C'est la prêtresse antique,
« Conservant pour le monde entier,
« De dévoûment, d'amour, de foi patriotique
« Le rayonnant et saint foyer;

« Mais la Vesta n'est plus qu'une prostituée,
« Insensible au dernier affront;
« Sous le rire moqueur, sous l'immense huée
« On ne voit plus rougir son front;

« On lui plaît quand on porte et shakos et panaches;
« De liberté ses goûts innés,
« Pour être châtiés, demandent des cravaches,
« Comme caprices de Phrynés;

« Et pour continuer ce noble caractère
« Qui ne doit point s'arrêter là,

« Des bras de son soudard, la fille de Voltaire
« Se jette au cou de Loyola.

« Aussi, voyez pâlir l'auréole de gloire
« Dont son front naguère était ceint;
« Observez, observez, Copernics de l'histoire,
« Ce soleil qui s'use et s'éteint, »

Il se tait... Et je sens mon sourcil qui se fronce.
« — Oh ! vous me permettrez, poète, une réponse...
« Injustement frappé, dans mon juste courroux
« J'ai blâmé... mais ce rôle était-il fait pour vous ?
« Peuples qui maudissez et déchirez la France,
« Depuis que, proférant le cri de délivrance,
« De ses deux fortes mains elle s'ouvrit le flanc,
« De quoi donc vivez-vous si ce n'est de son sang ? »

Du cercle entier m'arrive un complaisant murmure.
Pour mieux frapper mon homme au défaut de l'armure,
Avec les siens qu'on sent encore vibrer dans l'air,
Je croise mes couplets, comme on croise le fer.

« Quoi ! tu dis l'astre éteint, parce que les ténèbres
« L'enveloppent un jour encor !...
« Et moi, je vois déjà de ses voiles funèbres
« Jaillir des flots de flèches d'or ;

« Elles rendront la force aux veines populaires
« Où le sang s'est trop arrêté;
« Je les sens revenir tes jours caniculaires,
« O soleil de la liberté!

« De toute nation à la suivre attentive,
« La France au front vaste et béni
« Fut l'exemple, l'espoir et l'initiative;
« Son beau rôle n'est point fini.

« Heureux tous les pays où je la vois guidée,
« N'importe dans quel sentiment;
« Car ce qu'elle a touché par l'épée ou l'idée
« S'en ressent éternellement;

« De la nuit qui lui vient le monde s'enveloppe,
« De ses beaux jours tout est joyeux,
« Et qu'une erreur l'emporte, elle entraîne l'Europe
« Dans son orbite audacieux!

« Eh! ne tient-elle pas, pour les autres féconde,
« Même au sein des plus grands revers,
« La coupe du progrès dont elle verse l'onde
« Sur chaque point de l'univers!

« En la voyant un jour profanée et livide,
« Lorsque l'on dit: Corruption!

« Moi qui sais quelle force en son âme réside,
« Je réponds: Transformation ! »

Je m'asseois... Du logis la fée enchanteresse
S'approche, et, d'un accent doux comme une caresse,
Me dit alors, ses yeux arrêtés sur mes yeux:
« Si vous châtiez bien, vous aimez encor mieux.
« Vous battez votre femme ainsi que Sganarelle;
« Mais vous ne souffrez pas que le voisin s'en mêle:
« Bien !... Si j'étais Martine, avec vous de concert,
« J'aurais sur l'indiscret retourné le bois vert. »

Tout le cercle applaudit à cet arrêt suprême;
Mon adversaire semble y souscrire lui-même;
Il vient à moi... Je fais la moitié du chemin,
Et fraternellement nous nous tendons la main.

A DES TOURISTES FRANÇAIS.

SONNET.

Lucerne.

Lorsque l'heureux hasard d'une course artistique
Nous a mis, face à face, à la saison d'été,
Dans le rude sentier d'un sommet helvétique,
Mon ciel sombre à l'instant s'est empli de clarté.

Mais vous rentrâtes seuls au foyer domestique...
Et votre voix amie a partout raconté
Que, sincère croyant, mais non pas fanatique,
J'avais su dans l'exil conserver ma gaîté.

O touristes Français, chers oiseaux de passage,
Aux champs où j'ai planté ma tente de voyage,
Quand vous m'apercevez vous me trouvez joyeux:

Vos regards cependant devraient le reconnaître;
Cette joie en mon cœur votre aspect la fait naître,
Ce bonheur d'un instant est puisé dans vos yeux.

LE PAPILLON.

A UN JEUNE BEAU, ATTACHÉ D'AMBASSADE.

Tu vis parmi les fleurs, coquet cent fois plus qu'elles;
Leurs feuilles sont si bien semblables à tes ailes
Que mon œil les confond quand tu vas te poser
Sur leur front gracieux pour leur prendre un baiser.

Pourtant il ne faut pas que ce destin te flatte;
Qui ne le sait? bien plus que la fleur délicate,
Ton manteau que le ciel se plût à blasonner,
Un doigt, en l'effleurant, suffit pour le faner.

Tu ne possèdes rien comme valeur foncière;
Tous tes trésors ne sont qu'impalpable poussière;
Seuls, en tombant sur toi, les rayons du soleil
Colorent cette poudre en azur et vermeil.

Dans les flots de cet astre où ton néant se baigne,
Tu brilles, mais tu n'es qu'une trompeuse enseigne,
Qu'un miroir scintillant... à quoi de bon sers-tu?
Qu'elle est ta qualité, ta valeur, ta vertu?

Te faire voir, voilà ta vie... Et quand au piège
On t'a pris, une main te pique sur un liège
Pour parader encore... Oh! pour toi, vif ou mort,
C'est tout un... Ton mérite est dans ton habit d'or.

Réponds-moi : n'es-tu pas le plus nul des insectes
A qui le ciel donna des ailes? Tu n'affectes
Que des airs conquérants; mais ton corps de saphirs
Est esclave et jouet des plus légers zéphyrs.

Parodiant l'abeille au doux labeur, tu rodes
Sur les fleurs des jardins et des prés; tu corrodes
Leur calice profond que parfume le ciel,
Mais toi, tu ne produis aucun rayon de miel.

Ton éclat vient d'autrui. La nuit, lorsque tu voles,
Tu n'as pas les clartés des douces Lucioles
Qui, sous les arbres verts venant se balancer,
Aux âmes des amis nous font soudain penser.

La cigale du moins a son cri qui captive,
Le grillon une note, unique mais plaintive.
Complète nullité, Dieu ne t'a pas fait don
Même du lourd babil qui trahit le bourdon.

Aussi qu'un rossignol vienne dans la feuillée,
Par ses accents divins l'oreille est éveillée,
Et soudain, délaissant ton écrin tentateur,
L'âme émue et séduite, on court vers le chanteur.

Peut-être que ton vol tortueux et rapide ,
D'une légère enfant, de faux brillants avide,
A travers champs, buissons, ronces et noisetiers
Egarera les pas, trop loin des droits sentiers;

Mais cherche à voltiger près de la jeune fille ,
Charme de ses amis, bonheur de sa famille;
A sa lampe du soir , incandescent écueil,
C'est toi qui brûleras ton aile et ton orgueil.

En trois coups de pinceau je veux briser ton prisme:
Chrysalide, tu n'es qu'un type d'égoïsme,
Chenille, en te traînant tu baves sur les fleurs,
Papillon, un instant tu brilles. . . puis tu meurs.

LA NOSTALGIE.

Zurich.

I

Quand, au sein d'arbres verts, pointe et se laisse voir
La flèche d'un clocher où, comme en un miroir,
Scintille le soleil, ils pensent reconnaître
La croix de la paroisse où le ciel les fit naître.

Quand roule dans les airs un grand nuage blanc,
Il dessine toujours, en déchirant son flanc,
Des groupes aux contours fugitifs, éphémères
Où leur œil voit des sœurs, des épouses, des mères.

Quand, des côteaux voisins, s'échappent les senteurs,
C'est zéphyre pour eux plein de douces moiteurs
Qui de leurs monts fleuris leur apporte l'arome.

Par mille illusions leurs sens sont possédés...
« Mirages consolants! » Dites-vous... attendez,
Car du mal du pays c'est le premier symptôme.

II

Les voyez-vous, plus tard, le menton sur le poing,
Aux tables des cafés accoudés dans un coin,
Ou dans les parcs ombreux, promeneurs solitaires,
Par leurs airs incompris prêtant aux commentaires?

Ils semblent dévorer avec peine un affront,
Et l'unique penser qui germe dans leur front
Que l'absence, avant l'âge, a sillonné de rides,
C'est d'aller conquérir les pommes hespérides.

Leurs discours sont remplis de thèmes obligés,
Et, Tantales nouveaux, dans ces récits plongés,
Du flot natal qui fuit, la soif brûle leur lèvre.

Fleurs et fruits étrangers n'ont ni parfums, ni miel;
Leur regard voit toujours la même étoile au ciel...
Elle a fait des progrès, la dévorante fièvre!

III

Observez-les encor... Plus forte est leur douleur.
Tout leur être frémit au vent froid du malheur;
Leurs regards sont éteints, leurs paroles sont lentes;
S'ils marchent, on croit voir des ombres ambulantes.

L'exil les reçut beaux, spectres il les a faits !
De l'actif opium il produit les effets
Quand sa force n'est pas au début combattue:
Il exalte, endort, mine... en attendant qu'il tue.

Les uns meurent, sentant jour par jour de leur cœur
S'écouler l'espérance, ainsi que la liqueur
Qui d'un vase brisé goutte par goutte tombe.

Les autres rassemblant leurs forces jusqu'au bout,
Hardis gladiateurs, savent mourir debout,
Et l'œil vers la Patrie, ils entrent dans la tombe.

IV

— Et de ce mal ardent ne peut-on triompher?
— Sous un constant labeur son feu doit s'étouffer;—
Au pays qui nous frappe il faut donner sa vie,
Quand même à l'oublier sa rigueur nous convie;

Il faut savoir attendre... en regardant le but,
Car le proscrit ressemble au chasseur à l'affut;
Il faut calmer son cœur que la flamme dévore,
Et du sein de la nuit prédire à tous l'aurore.

Il faut des étrangers ne pas vivre à l'écart
Comme si l'on était espèce ou race à part,
Voir dans l'Humanité la Patrie élargie;

Prouver que le Devoir est pour le Citoyen
La constance de l'âme à pratiquer le bien...
Et voilà comme on peut vaincre la Nostalgie!

FRATERNITÉ.

Turin.

Chers soldats du devoir, de vous j'ai dit un jour,
En voyant s'éloigner le moment du retour :
« Le ciel les réservait pour les longues épreuves
« De l'exil; ils devaient, loin des monts, loin des fleuves,
« Loin des vallons aimés, loin du toit des ayeux,
« Loin du pays ingrat... ou peut-être oublieux
« Seulement... ils devaient, apôtres de notre âge,
« Ballotés par les flots, de rivage en rivage,
« Naufragés incompris, sans cesse rejetés
« De ces terrains ingrats, pied à pied disputés,
« Extirper de l'erreur l'envahissante ivraie,
« Y semer le bon grain d'une croyance vraie,
« Habituer le monde à ce *spectre* fatal
« Qu'on lui montre toujours trônant sur un étal;
« Ils étaient appelés enfin — mission sainte! —
« A promener sans faste, à supporter sans plainte
« La pauvreté, ce grand et redoutable écueil
« Où la dignité meurt, quand n'y naît pas l'orgueil. »

Cette tâche, je sais que vous l'avez remplie
A Bruxelles, à Londre, en Suisse, en Italie;

Du nom républicain, fiers et bons ménagers,
Vous l'avez posé haut devant les étrangers.
Mais vous avez fourni des raisons légitimes
De crainte en l'avenir, par vos luttes intimes;
Justice! ton flambeau qu'éteint la passion
Doit être ravivé... « Bienveillance, Union »
Mots fraternels, soyez notre sainte devise!...
Evitons entre nous ce qui blesse et divise;
Ne nous arrêtons pas aux virgules, aux points;
Ne nous irritons pas sur un plus, sur un moins;
Dans le champ du progrès ne rebutons personne.
N'importe quelle forme à la charrue on donne,
Et n'importe la main qui presse l'aiguillon,
Gloire à tout laboureur qui creuse son sillon!

Alors qu'un seul devoir nous guide et nous réclame,
Que nous font à nous tous, quand nous n'avons qu'une âme,
Nos casques différents? Marchons d'un même pas,
Toujours prêts pour la lutte et pour les beaux trépas.
Tout n'est-il pas encor doute, épreuve, problème?
Nul n'a la vérité complète en son système,
Une part seulement y balance l'erreur...
L'Exil tient une coupe où tout tourne à l'aigreur,
Je le sais... Mais craignons ces *entremangeries*
Que Bayle déplorait avec tant de raison
Lorsque Jurieu sur lui distillait son poison,
Et que, las des fureurs d'un rival fanatique,
Il s'armait à son tour de sa verve caustique,

Donnant ainsi tous deux dans leurs nombreux écrits
Un exemple funeste aux Réformés proscrits...
Un temps d'arrêt suivit ces ardeurs de dispute!..
Le malheur doit unir les cœurs qu'il persécute,
Amis, embrassons-nous pour conjurer le sort.
Comment notre vaisseau peut-il entrer au port
Au milieu de ces vents, au sein d'un tel orage,
Si l'émeute, en grondant, règne dans l'équipage?

Ah! dans vos cœurs que brûle une soif d'action
Que ne puis-je verser la persuasion,
Ce baume précieux qui découle des lèvres,
Glisse dans les esprits et sait calmer leurs fièvres!
Puissent ces vers, au lieu de pousser aux discords,
Imiter la liane allongeant ses bras forts,
Et cherchant, en courant de branchage en branchage,
Tous les arbres au sein de la forêt sauvage,
Qu'ils soient grands ou petits, qu'ils soient jeunes ou vieux
Pour les unir avec ses festons gracieux!

Quand donc tant de ruisseaux, fils de la même source,
Au lieu de s'éloigner l'un de l'autre en leur course,
Et de s'éparpiller en futiles ruisseaux,
Quand donc, réunissant leurs petits filets d'eaux
Qui se perdent aux flancs de l'aride montagne,
Descendront-ils unis au sein de la campagne,
Et s'avanceront-ils en fleuve souverain,
Actifs comme le Rhône, amples comme le Rhin?

Evitons tout prétexte aux terreurs de nos hôtes;
Ne donnons plus le nom de crimes à nos fautes;
De la sombre discorde étouffons les ferments;
Réconcilions-nous avec les Dieux cléments;
Que les oiseaux de paix nous couvrent de leurs ailes!
Que doutes et soupçons, que griefs et querelles,
Rancunes de partis, orgueil et vanité
Tombent aux pieds bénits de la *Fraternité!*

A L'ANNÉE QUI FINIT. (K)

Turin.

Mille nuages gris, à décembre fidèles,
Sur la terre blanchie ont secoué leurs ailes;
Tout a froid ici-bas, oui, tout, jusqu'au soleil;
Son foyer luit à peine; il grelotte; et pareil
Au vieillard qui revêt la martre protectrice,
Il s'enroule là-haut d'une lourde pelisse.
Décembre va finir sa tournée; et je sens
Un grain se détacher du collier de mes ans.
De même que vos sœurs mortes, ô vieille année,
Vous avez fait ma vie, hélas! peu fortunée...
Mais vous fîtes glisser l'espérance en mon cœur
Parfois... et l'espérance est encor du bonheur.
Adieu! vous qui serez bientôt au sein des nues,
Dans les zônes du ciel à nos yeux inconnues,
Adieu! Mais quel que soit le monde où vous allez,
Si l'on y pense encor, pensez aux exilés.

OPINION D'UN TITI

SUR

L'OUVRAGE DE LORD NORMANBY.

Genève.

AIR : *A la façon de Barbari.*

Avez-vous lu l' roi des pamphlets
  Qu' dans ses loisirs d' Florence
A composé, c' marquis anglais,
  Sur ses souvenirs de France?
Ecrits d'un styl' de hanneton,
    Avec l'assurance
    D'un fou de Charenton :
C'est Triboulet ou Langéli
      Embelli...
Quel Saint-Simon que Normanby,
      Mon ami !

D' la révolution d' quarant' huit
  Il fait la parodie ;

Pourtant —oh ! j'en suis bien instruit —
Il l'a fort applaudie.
Quand un lion repose et dort,
Grimpe, à l'étourdie,
En le croyant mort,
Sur l' roi des forêts endormi,
Un' fourmi...
Quel insecte que Normanby,
Mon ami !

Il a fréquenté le salon
D' Bastide et d' Lamartine;
D' Bonaparte il lèche l' talon,
Il courberait l'échine
D'vant l' pied bot du cinquième Henri,
Et f'rait sa tartine
Pour Joinville aussi ;
En disant au pouvoir fini:
« N-i-ni... »
Quel diplomat' que Normanby,
Mon ami !

Sur Ledru, le calomnié,
Il dirige ses flèches;
Louis Blanc en r'çoit sa bonn' moitié,
Mais çà n' lui fait pas d'brêches;
L'Anglais en subit tout l'affront,

Car ses traits revêches
Retomb'nt sur son front;
Et *Débats* et *Charivari*
En ont ri...
Quel justicier que Normanby,
Mon ami !

Arago n'était qu'un crétin,
Marrast était sans style,
Albert touchait chaque matin
Un' grosse list' civile;
Lamartine n'aimait pas Dieu,
Dupont (de l'Eure) en ville
N'avait feu ni lieu,
Flocon d'argent s'était farci...
Tous ainsi !...
Quel portraitist' que Normanby,
Mon ami !

C'est Dalahodde, c'est Chenu,
L'un pochard et l'autre ivre;
C'est Mirecourt, non moins connu;
D' leur boue il aime à vivre ;
Des faux rapports il enseign' l'art;
Son livre est le livre
Du parfait mouchard :
A Carlier il aurait suffi...
Oh ! fi ! fi !

Quel beau métier pour Normanby,
Mon ami!

Du palais d' Philipp' quand il peint
La prise qui le fâche,
Sa muse qui pleure et qui geint
Fait l'élog' d'un' cravache. (*)
Le motif est clair; oui l'on sent
Que l'auteur bravache,
En la caressant,
Craint qu'ell' ne se tourn' contre lui
Aujourd'hui...
Quel homme de cœur que Normanby,
Mon ami!

Chez l' concierge pour m'être inscrit
En entrant aux Tuil'ries,
Il m'a voué, l' méchant esprit,
Aux serpents des furies;
En visitant la d'meur' d' mon roi
Et ses galeries,
Il voudrait donc qu' moi
Je n'eusse pas été poli...
C'est joli!...
Quel mal élevé qu' Normanby,
Mon ami!

(*) Lord Normanby, en pénétrant, après le peuple, dans les appartements de la duchesse d'Orléans, ne trouva rien de mieux à y admirer que la cravache du feu duc.

L'ouvrage de c' noble faquin
Semble fait après boire;
C'est un Loriquet-arlequin,
C'est l' carnaval d' l'histoire;
Aussi les lecteurs étonnés,
Mesurant sa gloire
Et son pied de nez,
Chantent devant c' masque sali:
« La Chienlit!...
Fais ton carême, ô Normanby,
Mon ami!

AUTOUR DU LAC LÉMAN.

Genève.

Fier Léman,
Lac charmant,
Pour un cœur qui se plaît aux doux rêves,
Le passé
A laissé
Les plus beaux souvenirs sur tes grèves.

Je vais chercher ces trésors précieux
Sur tes récifs, comme on cherche la perle;
Ma barque attend et sa voile déferle;
Ouvre, Léman, ton écrin à mes yeux...
Bien!... Je n'ai pas encor quitté la rive,
Et sur cette île où ton flot vert se fend,
Du grand Rousseau ton glorieux enfant
J'ai salué la figure pensive.

La barque file, et le vent m'a porté
Vers les Pâquis... les Dieux me sont propices...

Voltaire accourt... le proscrit des Délices
Sur tes galets chante la liberté.
Puis à Coppet une brise caline
Qui de tes eaux ride le pur cristal,
Vient murmurer le nom fameux de Staël
S'entremêlant à celui de Corinne.

Lausanne est là... Major Davel, je vois
Tes nobles traits... Longtemps avant la France,
Tu fis entendre un cri de délivrance
Dans ton pays soumis au joug bernois...
Sur l'échafaud tu montras un front calme...
Mais, de nos jours, un peintre au fier pinceau,
Et qui naquit auprès de ton berceau,
Des grands martyrs t'a décerné la palme.

Dans leurs tombeaux, à Vevey, sont couchés
Deux fiers anglais... et je veux sur leur cendre
Graver ces mots: « Ici peuvent descendre
« Les citoyens que l'exil a touchés. »
Qu'on soit soldat de Pompée ou d'Octave,
Que l'on encense ou le Pape ou Luther,
Oui, sur ces bords où règne un doux éther,
De tout naufrage on respecte l'épave.

Plus loin encor prolonge ton sillon,
Barque soumise à la voile latine,

Le long du lac ma muse qui butine
Doit une larme au captif de Chillon.
Byron un jour frappe à la citadelle
Dont les cachots devant lui sont ouverts...
De Bonnivard il agite les fers
Qu'il fait briller d'une gloire immortelle.

Virons de bord... Dans les flots transparents
Un alcyon semble baigner son aile...
Non... c'est plutôt la fragile nacelle
Qui prit St-Preux et Julie à Clarens.
L'ouragan gronde et la nacelle crie...
Aux deux amants, vite, portons secours,
Pour écouter de leurs tendres amours
L'écho plaintif aux rocs de Meillerie.

Me voilà donc sur un royal terrain...
Je vais longer la côte de Savoie;
Le paysan du noble y fut la proie,
A quelques pas d'un peuple souverain!
Le blé poussait pour le maître... et la paille
Revenait seule aux serfs abatardis...
Aux Laboureurs la faim dans un taudis,
Aux porte-froc bombances et Ripaille.

Et toi, Genève.. Un brillant avenir
T'est réservé... Libre de ta nature,

De tes remparts tu brisas la ceinture,
Vieille Cité, tu voulus rajeunir,
Et le Léman sut effacer tes rides
Près de ses bords lorsque tu descendis
Pour l'embrasser, et lorsque tu lui dis:
« Baigne mes pieds dans tes ondes limpides. »

Fier Léman
Lac charmant,
Pour un cœur qui se plaît aux doux rêves,
Le passé
A laissé
Les plus beaux souvenirs sur tes grèves.

A MON AMI P.

Genève.

Là-bas mourut la mère ; ici s'éteint l'enfant.
Après la fleur, l'épi tombe sous la faucille...
Le proscrit sème ainsi les os de sa famille;
Sous le vent du malheur, ce simoun étouffant.
Et le père et l'époux deux fois atteint dans l'âme
Pleure, en jetant au ciel les plus sombres défis,
La femme dont le sein avait conçu son fils,
Et le fils dont les traits lui rappelaient sa femme.

UN VAURIEN.

Dardagny (près de Genève).

« Eh! comment vivront-ils? » me disais-je un matin...
« Nous voilà rejetés encor dans l'incertain.
« Se peut-il que, marquant au front la bienfaisance
« Et des souscriptions condamnant l'innocence
« On menace là-bas l'homme qui va quêtant
« L'obole du pays que le proscrit attend!
« Nul ne sait où porter la dette fraternelle,
« Les polices sans cœur la trouvent criminelle
« Et détournent le cours de ces nombreux ruisseaux
« Qui venaient déverser leurs bienfaisantes eaux
« Dans des centres communs... Bientôt leur pure source
« S'arrêtera craintive... Et moi qui tiens la bourse —
« Je n'ose dire, hélas! la caisse des proscrits —
« J'en vois déjà beaucoup sans pain et sans abris! »

Et je restais, les yeux fixés sur mon registre,
Sombre, silencieux comme un pauvre ministre

Qui, par un Parlement, ennemi sans pitié,
Vient de voir son budget amoindri de moitié.

Un homme entre... un proscrit... Pourquoi donc à sa vue
D'un instinct répulsif mon âme est-elle émue ?
C'est que ses compagnons se détournent de lui;
De son pays natal, pas un qui ne l'ait fui
Depuis qu'il est tombé, fâcheux aérolithe,
Dans leurs limpides eaux qu'il trouble et qu'il agite.
Cet homme est ouvrier... ou du moins il le fut,
Car la paresse a mis ses outils au rebut;
Le jeu brûlant, l'amour des verres pleins et vides
Sur son front jeune encore ont ciselé des rides;
Ses mèches de cheveux, durs, incultes et roux,
De son feutre râpé s'échappent en courroux;
Son habit est tigré de teintes variées;
Ses bottes sans talons, toutes avariées
Se distinguent surtout, dans leur fraternité,
Par des solutions de continuité;
Un parfum de Faro lui sort par chaque pore;
Le tabac, par flocons, de ses doigts s'évapore,
Car il conserve encor — charme de son chemin —
Le hideux brûle-gueule allumé dans sa main.

De cet homme toujours j'abrégeai la visite...
Je lui tends son subside... à le prendre il hésite,
Il avance son bras... puis le retire... enfin:
« Non ! » dit-il, « plus jamais ! Dussé-je par la faim

« Sentir mon estomac tiraillé vingt journées
« Sur trente... A qui, voyons, sont-elles destinées
« Ces sommes par paquets rangés sur ce bureau?
« A des républicains bon teint, bon numéro?
« — Eh bien? — Eh bien, Monsieur, ce titre, je le vole,
« Car je ne fus jamais, j'en donne ma parole,
« Un homme politique... et je devins l'objet
« Des rigueurs de l'exil comme mauvais sujet;
« On marqua le vaurien d'une belle estampille;
« C'est ainsi qu'on purgea ma ville et ma famille;
« Le coup de vent qui vint emporter le bon grain,
« De quelques grains pourris balaya le terrain :
« C'était un bon moyen, une adroite tactique
« Pour déconsidérer le parti politique
« Qu'aux pays étrangers on envoyait en bloc.
« Nous sommes ce qu'étaient ces diables sous le froc
« Qui des couvents perdaient les pures renommées;
« Ces sacripans mêlés aux vaillantes armées
« Qui brûlaient, saccageaient, rafflaient tous les écus,
« Et rendaient la conquête odieuse aux vaincus.
« Je ne veux plus aider à ce lâche manége.
« C'est un poids dont mon cœur demande qu'on l'allége.
« Du jour de mon exil, voilà déjà cinq fois
« Que, sans le mériter, je viens aux fins de mois...
« C'est de l'argent... surpris tout au moins...j'en ai honte;
« Peut-être à l'avenir réglerai-je mon compte
« Avec vous... Aujourd'hui, je viens rompre mon bail

« Et vous demander...—Quoi ? Parlez donc ! —Du travail. »
Un noble orgueil soudain éclaire son visage.
Dans ses nouveaux projets mon regard l'encourage,
Et l'entraînant dehors, je lui dis : c'est très-bien !
L'honorant cette fois du nom de citoyen.

Le lendemain, un ordre — Emana-t-il de France? —
D'un exil dans l'exil m'imposa la souffrance.
O cher pays natal, on éprouve bien mieux
L'amour qu'on a pour toi quand on voit d'autres cieux!
Une chaîne invincible à ton astre nous lie...
Le front ceint des rayons du soleil d'Italie
J'ai pu, tranquille au moins, sous l'oranger en fleurs,
Non pas les oublier, mais bercer mes douleurs.
Enfin après quatre ans, par faveur spéciale,
La Belgique à mes pas rouvre sa capitale...
Pour un mois seulement. — Visite de parloir. —
Il est bien doux de voir, et plus doux de revoir!..
« Chers amis, reprenons nos franches causeries...
« Aux théâtres, au Parc, au Cercle, aux Galeries...
« Et ces bons ouvriers, ces dignes travailleurs,
« Je veux les visiter, songez-y... comme ailleurs
« Heureux et malheureux, je verrai tout le monde. »
Un ami — le plus cher — m'aide à faire ma ronde;
Chambrettes, ateliers, mansardes et salons,
Avec le même cœur en tous lieux nous allons.
Le second jour, mon guide, en consultant sa liste,
Me dit : « Entrons ici ; d'un honnête ébéniste

« C'est l'atelier. Avec sa femme et deux marmots,
« Blonds et frais tous les deux, par leur beauté jumeaux,
« Il vit content, heureux... si le proscrit peut l'être! »
J'étais impatient déjà de le connaître...
Nous entrons... Quel tableau! Greuze l'eût crayonné:
Autour d'un établi, d'ouvrage environné,
Pendant qu'à ses côtés, âme de la famille,
Sa femme se livrait aux travaux de l'aiguille,
Joyeusement chargé du plus doux des fardeaux,
Un enfant dans ses bras, et l'autre sur son dos,
Le père fièrement courait à perdre haleine
En chantant ces refrains qu'un souvenir amène,
Chers échos du pays qui nous portent l'espoir
Et qu'aux petits proscrits on enseigne le soir.
En nous voyant entrer notre ouvrier s'arrête
Et pose ses enfants... A parler je m'apprête,
Car je l'ai reconnu... c'est mon ancien Vaurien!
Je lui tends les deux mains en répétant: « très-bien! »
— « Vous qui dans mon regard découvrîtes mon âme,
« Voici mes chers enfants, voilà ma chère femme, »
Me répond-il alors avec simplicité.
« Mon passé, grâce à vous, est réhabilité:
« Ces êtres que jadis ma dévorante ulcère,
« La paresse, plongeait au sein de la misère
« Et que j'ai rappelés du pays vous diront
« Si, dès le jour naissant, au travail je suis prompt.
« L'homme qui dans ces lieux est venu vous conduire,
« Peut affirmer aussi que je cherche à m'instruire

« Aux heures de loisir, car j'ai voulu savoir
« Quels sont du citoyen le droit et le devoir.
« Je vous avais promis que je ferais peau neuve,
« Et vous n'avez pas craint de me mettre à l'épreuve :
« Merci pour mes enfants, pour ma femme, pour moi,
« Pour l'honneur du parti dont je nourris la foi !...
« Ce sont nos ennemis qui firent ce prodige...
« Je fus proscrit par eux... Eh bien ! Exil oblige ! »

A DES AMIS IMPATIENTS.

Genève.

Oui, le printemps, amis, tarde trop à venir;
Oui, l'hiver aurait dû depuis longtemps finir;
Contre tous les calculs et tous les vœux, il dure.
Le jour où les brins d'herbe ouvrant la terre dure
Devaient la colorer, oui, ce jour est venu,
Et le regard s'attriste encor sur un sol nu :
La désolation nous entoure, et des rides
Se dessinent, hélas! sur les sillons arides;
Un froid hors de saison nous énerve, et l'on sent
Qu'une force fatale, un obstacle incessant
Arrête les élans de la nature entière,
Sous des horizons bas vaincue et prisonnière;
Rien ne reprend la vie, et de son long sommeil
Ne peut se réveiller aux rayons d'un soleil
Qui d'un éclat blafard perce à peine la brume;
En stériles combats chaque être se consume;
Les arbres dont les jets sont tout près d'éclater,
Dans leurs tendres bourgeons semblent se contracter;

Même de l'amandier les fleurs toujours hâtives
N'ont pas épanoui leurs corolles craintives;
La sève qui montait et ne bouillonne plus
S'épuise à moitié route en efforts superflus;
Pas un seul papillon, pas une primevère
N'étalent leurs couleurs, tant le froid persévère;
Et tout autour des prés, le cristal des ruisseaux,
Miroir déjà brisé, rajuste ses morceaux;
Les oiseaux attristés, des chansons commencées
Gardent dans leur gosier les cadences glacées,
Et si quelqu'hirondelle est venue, on la voit,
Frileuse, se blottir aux corniches d'un toit.

Tout devrait vivre... et tout reste mort... Patience!
Aux lois de l'univers reprenez confiance;
Quoique tardif, amis, le grand printemps viendra;
Plus il est comprimé, plus il éclatera
Dans son luxe splendide; et toutes ses merveilles
Frapperont d'un seul coup vos yeux et vos oreilles.
La nature muette, en rentrant dans ses lois,
Va nous parler bientôt et par toutes ses voix:
Frais glacis des côteaux; verdoyantes aigrettes
Des arbres; beaux vergers prenant des airs de fêtes;
Champs couverts de verdure et de fleurs diaprés;
Gais papillons qui font miroiter dans les prés
Les manteaux de saphirs dont le ciel les habille;
Ruisseau déprisonné qui serpente et babille;
Neige des monts changée en bienfaisants torrents,

Cascades qui, tombant en voiles transparents,
Nous déroulent d'Iris les magiques écharpes;
Doux zéphyrs se jouant sur d'invisibles harpes;
Guirlande aux cent couleurs des jardins embaumés;
Tendres bruissements des buissons ranimés;
Oiseaux qui, s'élançant aux voûtes éternelles,
Battent joyeusement de leurs rapides ailes
Les rayons d'un soleil qui chasse les brouillards
Et ranime le monde au feu de ses regards...
Oui, du sol à la nue et de l'hysope au chêne,
La nature captive enfin rompra sa chaîne;
Et vous verrez bientôt chaque être transporté,
Dans un sublime accord, s'écrier : *Liberté!*

MES PÉRÉGRINATIONS. (K)

AIR :

Du sein de la grande hécatombe
Que dévora la liberté,
Danton, en mesurant sa tombe,
Lança des mots pleins de fierté ;
Et moi dans l'exil je les crie
Ces mots à mon cœur familiers :
« On n'emporte pas la patrie
« Aux semelles de ses souliers. »

Lorsque je passai la frontière,
Derrière moi jetant les yeux
Et les pleurs baignant ma paupière,
Je dis : « la prison vaudrait mieux ! »
Aux douaniers, France chérie,
J'aurais préféré des geôliers....
On n'emporte pas la patrie
Aux semelles de ses souliers.

J'arrive à Londre... oh ! les Anglaises !
Quel teint ! quelle fraîcheur, dit-on...
C'est vrai, mais leurs formes françaises,
Caoutchouc, baleine ou coton ;
Notre chaussure s'avarie
A leurs grands pieds de chandeliers :
On n'emporte pas la patrie
Aux semelles de ses souliers.

Les Anglais mangeaient par corbeilles
Des fruits venus sous notre ciel ;
Ils trouvaient leurs couleurs vermeilles,
Leur eau bien fraîche et doux leur miel ;
Ils vantaient la pêche mûrie ;
Moi je rêvais... aux espaliers...
On n'emporte pas la patrie
Aux semelles de ses souliers.

Je passe de Londre à Bruxelles ;
L'amitié sainte m'y sourit
Et sur moi déployant ses ailes,
Pardonne à l'humeur du proscrit
Qui jette une teinte assombrie
Sur des lambris hospitaliers :
On n'emporte pas la patrie
Aux semelles de ses souliers.

Juif errant, voilà qu'on te chasse:
Adieu donc *Bruxelle en Brabant!*
De l'apôtre prends la besace,
Du pionnier prends le caban;
Et qu'un grand espoir se marie
A tous tes affronts journaliers:
On n'emporte pas la patrie
Aux semelles de ses souliers.

O Rousseau! de ta République
Je me vois encore expulsé!
Ce que mon cœur ressent m'explique
Ton cœur incessamment froissé.
L'âme, par les exils meurtrie,
A des soubresauts singuliers:
On n'emporte pas la patrie
Aux semelles de ses souliers.

Né sur un sol où la vendange
S'épanche comme un flot public,
De boisson, en courant, je change:
Ale et porter, Lambic et Schnick;
Mais quand chaque coupe est tarie,
Je dis à tous les sommeliers:
On n'emporte pas la patrie
Aux semelles de ses souliers.

Suivons toujours nos destinées!...
Turin tend ses bras aux bannis...
J'y cours... mais, fils des Pyrénées,
Même en face du Mont-Cenis,
Canigou, montagne fleurie,
Je vois tes trois pics réguliers :
On n'emporte pas la patrie
Aux semelles de ses souliers.

Lorsque l'oiseau, paille par paille,
Sans regrets partout fait son nid,
Le repos, en tel lieu que j'aille,
De mon dur chevet est banni;
Je pleure à chaque hôtellerie,
Quand il chante à tous les halliers:
On n'emporte pas la patrie
Aux semelles de ses souliers.

Souvent dans ma douleur amère,
Assis aux bornes du chemin,
Je vous vois, enfants de ma mère,
Vous dont je fus le Benjamin;
Et mes vœux — douce rêverie! —
Vers vous s'envolent par milliers:
On n'emporte pas la patrie
Aux semelles de ses souliers.

Souvent aussi, je me retrace,
Reprenant ma vie à l'envers,
Des amours, jalons plein de grâce,
Parfumés de prose et de vers;
Plus loin, ma pensée attendrie
S'arrête à des jeux d'écoliers:
On n'emporte pas la patrie
Aux semelles de ses souliers.

Tous ceux que l'exil prend et ronge
Ont un regret au mien pareil:
Ledru voit la Seine et s'y plonge,
Mazzini rêve un chaud soleil,
Kossuth voit des gibets... et prie,
Manin compte ses gondoliers:
On n'emporte pas la patrie
Aux semelles de ses souliers.

Voilà ma chanson terminée!
Si, moins que ses sœurs, elle plaît,
C'est que dans l'exil elle est née;
La France est le sol du couplet;
Verve, sentiment, raillerie
Sont ses produits particuliers...
On n'emporte pas la patrie
Aux semelles de ses souliers.

A VICTOR HUGO.

Genève.

Le poéte est celui que frappe le malheur
Et dont l'œuvre est l'écho d'une grande douleur.
Quand l'encre seulement de la plume y découle,
Quand des gouttes de sang ne l'ont pas imprégné,
Quand de larmes, au moins, il n'est pas tout baigné,
Le papier ne dit rien à l'âme de la foule.

Pour avoir des soupirs et des pleurs dans la voix,
Capables d'attendrir et les monts et les bois,
Il faut avoir perdu son amour, comme Orphée;
Ou, comme Homère aveugle, un bâton à la main,
Aux enfants de Chios demandant son chemin,
Il faut avoir erré sur les bords de l'Alphée.

Il faut, sans que le corps en ait jamais fléchi
Ni trébuché les pas, d'esclave ou d'affranchi,
Comme Plaute et Térence, avoir porté la marque;

Il faut, quand dans l'exil on commença ses jours,
D'une Laure y trouver les décevants amours:
On est martyr deux fois... oui, mais on est Pétrarque!

Il faut porter au front un nom lugubre écrit;
Il faut avoir nourri des haines de proscrit
Au foyer dévorant d'une guerre intestine ;
Alors, les yeux remplis de fulgurants éclairs,
On trace fièrement les cercles des enfers,
On souffre... on devient Dante... on fait l'œuvre divine.

Le Tasse, Camoëns, par leurs malheurs fameux,
Cervantès, glorieux et malheureux comme eux,
Des persécutions ont subi les rafales.
Mais suivons-les de l'œil dans leur immensité...
Passant de l'hôpital à l'immortalité,
Ils échangent entre eux les palmes triomphales.

O toi qui dans la main tiens un divin flambeau,
Et qui cherchas le Bien, plus encor que le Beau,
Du jour où tu sondas le brasier populaire,
Aux flammes de l'exil, talent damasquiné,
Moderne Prométhée au rocher enchaîné,
Aigle majestueux prisonnier dans ton aire;

Maître, pardonne-moi si tu m'entends chanter
Quand le monde, en sa nuit, veille pour t'écouter...
— Ma muse ne nourrit que des vœux légitimes.

Sur le même terrain si nous nous embrassons,
Je n'ai qu'un seul espoir, c'est, avec mes chansons,
De servir d'intermède à tes drames sublimes.

Quand tu parcours l'espace et les siècles divers
Avec la liberté du condor dans les airs,
Moi, je m'en vais glanant la fleur de nos campagnes.
Les monts sont tes jalons... je me guide aux poteaux...
Heureux si je gravis les modestes coteaux;
Et je laisse à tes pas les hauts pics des montagnes.

J'ai chanté — respectant ton hardi piédestal —
Les touchants souvenirs de mon pays natal,
Notre douleur errante aux terres étrangères;
Maître, j'ai bien compris nos rôles différents:
Qu'eussent fait, pour porter la terreur dans les rangs,
Après tes chocs puissants, mes secousses légères?

Si nos concitoyens sont plus heureux que nous,
De notre fermeté qu'ils soient au moins jaloux,
Qu'ils contemplent nos fronts calmes dans la tempête;
Ils entendront nos vers qui narguent l'alguazil;
De toutes parts il faut faire parler l'exil,
Puisque depuis longtemps la patrie est muette.

Eh bien donc, imitant le bienfaisant soleil
Qui chasse les brouillards et rend l'épi vermeil;
Quand le ciel du Succès est pour moi plein de brume,

De mon modeste champ ne sois pas oublieux,
Et, pour récompenser le laboureur joyeux,
Jette un de tes regards aux sillons de ma plume.

Oui, sois-moi bienveillant, toi que le ciel bénit.
Le baptême de feu qui tous deux nous unit
D'un accueil fraternel saura te faire absoudre.
La couronne de fleurs, fortune de mes vers,
Et ton divin laurier aux rameaux toujours verts
Laissent voir sur nos fronts les marques de la foudre.

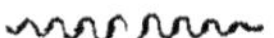

NOTES.

(A) Quand commença mon exil, Mme Viardot, la grande artiste, était à Londres où elle joua, au milieu de l'enthousiasme général le rôle de Fidès du *Prophète*. Elle m'accueillit et m'admit chez elle avec cordialité, ainsi que son mari, un ami d'ancienne date. Pour ce fait, monstrueux, parût-il, aux yeux de certains écrivains, plusieurs journaux, *de grand et de petit format*, appelèrent à Paris, sur la femme de cœur les sévérités du public. Un français réfugié à Londres, pour cause non politique (je ne le nomme point, par considération pour son fils, l'un des hommes les plus spirituels et les plus honorables de notre journalisme), commença ce feu déloyal contre Mme Viardot. Par bonheur nous trouvâmes des défenseurs dans la presse. J'aime à citer, entre autres, M. Théodore Anne, dont je reproduirai ailleurs le noble article où il se plût à rappeler quelques circonstances de ma vie politique.

(B) *Le Démon de la nuit*, mon ancien vaudeville, que j'avais arrangé en opéra, et qui était mis en musique par M. Rosenhain. « La pièce » m'écrivit-on, « n'obtiendra l'autorisation nécessaire que si vous consentez à ce que votre nom ne paraisse ni sur l'affiche ni sur la brochure. » Cet ostracisme me parut d'un autre âge; je m'y soumis cependant pour que le compositeur, mon ami, pût faire entendre au public sa ravissante musique.

(C) *Les relais de mon exil* — Notes prises dans tous les pays où m'a poussé le flot de la proscription. Peut-être, si elles sont publiées un jour, trouvera-t-on dans ces glanes la preuve que les proscrits républicains n'ont pas nourri à l'étranger des sentiments anti-français.

(D) *Appel aux Français*. Il parut en Angleterre en 1772.

(E) *La Meuse*. A peine arrivé en Belgique, et quoiqu'un passeport signé à l'ambassade belge, à Londres, m'autorisât à ce voyage, je fus arrêté d'abord à Anvers et incarcéré; puis interné à Spa, depuis le mois de février 1850 jusqu'au mois d'octobre. C'est dans ce charmant séjour, à deux pas de la roulette et du trente et quarante qui le déshonorent, que je composai, mon poëme contre les maisons de jeu.

(F) *Ton nom me dit cette armée*. — L'armée de Sambre-et-Meuse digne d'être chantée par un autre Homère.

(G) *La Montagne des Chèvres*. Ce morceau est extrait de mon poëme sur *les jeux*. La 2me édition en étant épuisée, et ce récit d'un des faits d'armes du jeune Marceau rentrant dans le cadre de ce volume, j'ai cru pouvoir l'y insérer.

(H) Je place, dans ces notes seulement — comme pour concilier ma reconnaissance et ma modestie. — Le sonnet gracieux et ferme en même temps de Mme Mancini-Oliva, femme de l'exilé napolitain, professeur à la faculté de Turin.

SONETTO.

Torino, 10 Febbr. 1856.

Tua nobil patria da sciagure affranta
Co'più giusti a lasciar fosti costretto:
Guerra ivi è dunque alla virtù più santa,
Ivi delitto è ancora il patrio affetto!

E che? l'un trono e l'altro invan si schianta;
Novo poter sorge nel sangue eretto,
Che di giustizia un'empia fraude ammanta,
Destando la viltade in ogni petto.

Ma quella Francia che tu adori e t'ama,
Esule illustre, in turpe ozio non geme,
Ma nell'ardente suo pensier ti chiama.

Ed a punir qual fu spergiuro o infido
Francia ed Italia leveranno insieme
Di vera libertade il brando e il grido.

LAURA-BEATRICE MANCINI-OLIVA.

(I) Qui peut dire le sort réservé au papier imprimé? Un lambeau de journal français de littérature légère, m'étant arrivé dans les mains, comme enveloppe d'un objet venu de Paris, j'y lus quelques lignes maculées et à peu près effacées, début d'une peinture de l'Hiver. Le reste du tableau de genre, où était-il?... L'exilé rattache à sa patrie, comme l'amant à sa maîtresse absente, tout ce qu'il voit, tout ce qu'il entend, tout ce qui l'impressionne: (on pourra s'en convaincre souvent à la lecture de mes vers.) Ainsi ai-je fait de ma trouvaille où l'HIVER du journaliste français a tourné à une douce émotion de proscrit.

(K) *Mes Pérégrinations.* Plusieurs couplets de cette chanson furent chantés au banquet que m'offrirent mes camarades de la proscription, le jour de mon expulsion de Belgique. Je l'insère à la fin de ce volume, puisque d'autres coups de vent, en m'emportant de pays en pays, m'ont forcé à l'augmenter de plusieurs stations.

ERRATA.

Page 4, vers 27.

Des foyers *producteurs*.
Lisez : Des foyers protecteurs.

Page 45, vers 3.

Hier, il disait, aussi.
Lisez : Hier, il disait aussi.

Page 93, vers 13.

Nos *enfants* étaient tous des enfants de Paris.
Lisez : Nos soldats étaient tous des enfants de Paris.

Page 143, vers 13.

Ah! n'est-ce pas ainsi ta Louise est morte?
Lisez : Ah! n'est-ce pas ainsi que ta Louise est morte?

Page 207, vers 16.

Sous la toile qui la couvrait.
Lisez : Sans la toile qui la couvrait.

TABLE.

www.ingramcontent.com/pod-product-compliance
Ingram Content Group UK Ltd.
Pitfield, Milton Keynes, MK11 3LW, UK
UKHW020108200726
13856UKWH00002B/446